마음 단련

마음 단련
불안에 휘둘리지 않고 결국 해내는 사람들의 비밀

1판 1쇄 발행 2024년 9월 9일
1판 3쇄 발행 2025년 3월 10일

지은이 한덕현 김아랑

기획편집 정선영
디자인 문성미
교정교열 박단비
제작 세걸음

펴낸이 정선영
펴낸곳 도도서가
출판등록 2023년 1월 3일 제2023-000001호
주소 서울시 서대문구 증가로 2길 39, 203호
이메일 dodoseoga@gmail.com
인스타그램 @dodoseoga

ISBN 979-11-983121-2-9 03180

ⓒ 한덕현 김아랑

이 책은 저작권법에 의해 보호받는 저작물이므로 무단 전재와 복제를 금합니다.
이 책의 일부 또는 전부를 재사용하려면 반드시 저자와 도도서가의 동의를 받아야 합니다.
책값은 뒤표지에 있습니다. 잘못된 책은 구입하신 곳에서 교환해드립니다.

마음 단련

**불안에 휘둘리지 않고
결국 해내는 사람들의 비밀**

한덕현·김아랑 지음

도_도
서가

프롤로그 ____ 한덕현
불안하지 않은 사람은 없다

"선생님 저는 멘탈이 약한 거 같아요."

"불안해서 죽을 것 같아요."

"작은 일에도 자꾸 무너져요. 끈기가 없는 걸까요?"

진료실을 찾는 많은 사람이 내게 하는 말이다. 이어 멘탈이 강해지려면 어떻게 해야 하는지 묻는다.

지독한 경쟁 속에서 매일 위험한 줄타기를 하며 불안해하는 직장인들, 언제까지 버틸 수 있을지 모르겠다고 울부짖는 자영업자들, 수십 통의 입사지원서를 쓰면서 식욕을 잃고 낙담해 있는 청년들, 며칠이고 컴퓨터 게임에 빠져 지내다 결국 심리 치료를 받아야 할 지경에 이른 청소년들 등등. 말 못할 우울증이나 공황장애로 힘든 시간을 견디고 있는 사람들이 점점 늘고 있다.

우리는 '멘탈이 약하다' '멘탈이 강하다' 같은 말을 흔히 한다. 또 대부분의 사람이 '자기는 멘탈이 약한 거 같다'고 '멘탈이 강하면 좋겠다'고 말한다. 그렇다면 멘탈이 강한 사람은 따로 있을까? 멘탈이 약한 사람이 이를 강하게 할 방법은 없는 것일까?

정신분석학적으로 멘탈이 강하다는 말은 결국 '자기 정체성이 단단하다'는 말이다. 자존감이 높다는 말로도 설명할 수 있다. 흔히 '강철 멘탈'이라 불리는 사람들을 우리는 스포츠 선수들에게서 찾아볼 수 있다. 그렇다면 스포츠 선수들에게서 강철 멘탈의 비법을 전수받을 수 있지 않을까?

성적순으로 평가받는 운동선수들의 모습은 치열한 경쟁 사회를 살아가는 현대인의 모습과 많이 닮아 있다. 선수들 역시 그동안의 노력과 열정이 헛수고로 돌아갔을 때, 원하는 결과를 얻지 못했을 때 매우 힘들어하고 속상해한다.

우리 삶도 마찬가지다. 살다 보면 이런저런 일들을 겪기 마련이다. 최선을 다했는데도 일이 잘 풀리지 않을 때가 있다. 가뜩이나 일이 뜻대로 되지 않아 속상한데 여기저기서 내 노력을 의심하고 책망하는 소리까지 들려온다.

흔히 '각본 없는 드라마'라 불리는 스포츠에는 인간사 희로애락이 모두 녹아 있다. 자신의 한계를 뛰어넘는 아름다운 도전에 나선 운동선수들은 우리에게 놀라운 인간 승리의 감동과 카타르시스를 선사한다. 스포츠는 육체적 노력의 총화이기도 하지만 정신적 측면에서는 삶의 리허설 혹은 압축 버전으로 이해될 수 있다. 그런 면에서 스포츠는 인간의 정신적 측면을 설명하기에 가장 적합한 분야가 아닐까 싶다.

2013년 봄, 나는 한국빙상연맹의 제안을 받고, 국가대표 쇼트트랙팀의 심리를 포함한 과학 훈련을 돕는 빙상과학 훈련 위원회를 맡게 되었다. 선수들의 신체적 훈련은 물론이고, 심리적 평가 및 훈련까지 진행하다 보니, 선수들과 자주 만나고 면담을 하게 되었다. 팀을 맡고 나서 몇 달이 지나자 "누가 제일 멘탈이 좋아요?" "누가 제일 정신력이 강한가요?" 같은 질문이 쏟아졌다. 그런 질문에 직접 답하지는 않았지만, 내 마음속에 한두 명의 이름을 담고 있었다. 그중 하나가 김아랑이라는 이름이었다.

첫 책 《마음속에는 괴물이 산다》 출간 이후 개인적으로 아쉬운 부분이 몇 가지 있었다. 언젠가 2탄을 쓰게 된다면 누군가 실제 모델이 되면 좋겠다는 생각을 했다. 책의 사례로 과거형이 아닌, 스포츠 정신의학을 쭉 접하며, 훌륭한 선수가 되어가는 과정이 있으면 정말 좋겠다는 생각을 했던 것이다. 그러던 중 그 적임자인 김아랑 선수에게 책을 같이 쓰자는 제안을 조심스럽게 했다. 나 혼자만의 기록보다는 나와 같이 지낸 10년 동안 직접 경험하고 느낀 김 선수의 말이 독자들에게 더 많은 도움이 될 수 있을 것이라 확신했다.

김아랑 선수의 신체적 능력은 잘 모르지만, 스포츠 정신의학적으로 봤을 때 단 몇 번의 면담만으로도 단연 김아랑이라는 선수가 앞으로도 스케이트를 오래 할 것이고, 자신을 위해서나 다른 사람을 위해서도 좋은 선수가 될 것이라는 예측을 할 수 있었다.

운동을 오래 하는 선수들은 확실한 목표가 있다. 그리고 그 목표를 이루기 위한 작은 목표들이 큰 목표들을 받들고 있다. 그래서 이들에겐 작심삼일이나 끈기가 없다는 이야기는 남의 이야기다. 김아랑 선수는 나와의 이야기에서 짧은 대답이지만, 그런 분화된 목표들을 서슴없이 말했다. 이런 확실한 목표들은 자신을 더 발전시키고 잠깐의 불안이나 스트레스에도 흔들리지 않게 만든다. 그래서 이런 선수는 주저앉기는 해도, 금방 다시 일어선다.

김아랑 선수는 늘 '자신은 언제나 넘어질 수 있는 위험이 큰 스케이트선수'라 이야기한다. 하지만 스케이트를 잘 타는 것을 생각하지 넘어지는 것을 생각하지는 않는다. 그런 생각을 하는 순간 스케이트선수는 경기에 집중하지 못한다. 안 넘어지기 위해 스케이트를 잘 타려는 것이 아니다. 스케이트를 잘 타는 행동에는 이미 넘어진다는 가정이 없다.

　어쩌면 산다는 건 넘어지기 쉬운 세상에서 스케이트를 타고 있는 게 아닐까. 한번 넘어졌을 뿐인데 나는 스케이트를 잘 못 타는 사람이야 하면서 인생이라는 경기를 포기하려 드는 건 아닐까. 인생을 잘 산다는 것은 넘어지는가 안 넘어지는가의 문제가 아니다. 한두 번 넘어졌다고 경기를 포기할 일은 더더욱 아니다.

　이 책은 불안과 긴장에 시달리는 사람들, 특히 이 때문에 제 실력 발휘를 못하거나 중도에 그만두는 사람들을 위해 쓰여졌다. 천천히 조심해서 스케이트를 타면 안 넘어져요 하는 식의 뻔한 이야기가 아니라, 남들보다 느리면 얼음을 미는 힘을 키우기 위해 다리 근육을 늘리고, 금방 지치면 지구력을 늘리기 위해 오래 달리기 연습을 하라고 이야기하는 식이다. 자기가 연습할 수 있는 만큼 연습하고, 이루고 싶은 목표만큼을 목표 삼아 스케이트를 즐길 수 있게 한다.

　이 책의 곳곳에는 나와 김아랑 선수가 함께 나눈 이야기와 공유된 생각이 묻어 있다. 10년이 넘는 시간 동안 선수와 심리 주치의로서 우리가 나눈 경험과 노하우가 주로 내 입을 통해 전달될 것이다. 일부 내용은 《마음속에는 괴물이 산다》와 겹친다는 점을 밝혀둔다.

책에 나오는 여러 운동선수들의 좌절과 성공 이야기는 우리 삶과 너무나도 닮아 있다. 이들의 이야기를 통해 불안에 휘둘리지 않고 결국 해내는 비결을 함께 알아보자.

프롤로그 _____ 김아랑

불안과 긴장을 넘어 강인한 멘탈로 거듭나는 법

2013년 4월 열아홉 살에 나는 처음 국가대표가 됐다. 그것도 2014년 소치 동계올림픽에 나갈 수 있는 자격과 함께. 꿈에 그리던 목표를 이뤘는데 기분이 어땠냐고? 행복과 기쁨을 느낀 건 잠시 아주 잠시, 모두가 축하의 박수를 보내줄 거라 기대했지만 아직도 그 눈빛과 목소리들을 잊을 수가 없다.

"김아랑?" "누구?" "전주제일고는 어디야?" "경험 없는 신인이 올림픽을 가?"

오히려 좋아! 나에 대한 아무 기대도 없고 프레임도 만들어지지 않은 상태이니 바로 지금부터 만들면 된다고 생각했다. 사람들이 손가락질한다고 야속해할 게 아니라 모두가 인정하는 국가대표가 되어야지, 그렇게 생각했다.

당찬 포부와는 달리 나는 갈 길이 멀었다. 국가대표 선수촌이라는 곳은 말 그대로 강하지 않으면 살아남지 못하는 곳이었다.

하루 일과는 다음과 같았다.

월-토(오전)

새벽 4:50-5:10 기상 및 경기장 이동

5:10-6:00 몸풀기

6:00-8:00 새벽 스케이팅 훈련 및 아침식사

10:30-12:00 오전 훈련(러닝 및 복근코어) 및 간단한 점심식사

13:20-14:00 몸풀기

14:00-16:30 오후 스케이팅 훈련

16:30-18:30 오후 지상 훈련(체력 훈련/인터벌 or 웨이트 훈련) 및 저녁식사

20:00-21:00 야간 훈련(보강 훈련 및 상체운동)

21:00-22:00 샤워 및 훈련 일지 작성 후 취침

모든 게 처음이었다. 낯설고 막막했다. 훈련은 하루에 2~3킬로그램씩 몸무게가 빠질 정도로 힘들고 외로웠다. 주

위 환경이 조금씩 버거워지고 있을 무렵, 연맹에서 선수들의 경기력 향상을 위해 한덕현 교수님을 소개시켜줬다. 한 교수님과의 첫 만남이다.

당시 교수님께서는 선수들의 특성이나 성향 파악 위주로 면담을 진행하셨고, 경기력 향상에 도움이 되는 여러 조언을 해주셨다.

교수님과의 첫 번째 개인 면담 때는 내가 무슨 말을 했는지 잘 기억나지 않는다. 정말 특별할 거 하나 없는 평범한 대화로 기억한다. 이후 두 번째 개인 면담에서 나는 신기하게도 내 얘기를 많이 했다. 모두가 경쟁자인 상황에서 마음 터놓을 곳 없었는데, 교수님은 낯선 사람이라 오히려 솔직하게 얘기할 수 있었던 것 같다.

당시 나는 모두에게 인정받는 국가대표가 되겠다는 목표로 버티고 있었지만, 힘든 훈련을 하는 와중에 아무도 내게 기대하지 않는다는 사실에 자신감이 많이 떨어져 있던 것도 사실이다. 교수님은 내가 한 마디 한 마디 할 때마다 왜 그런 기분이 들었는지 어떤 일이 날 그런 생각에 빠지게 했는지, 내가 깨달을 수 있게 도와주셨다. 대화를 통해 스스로 해결책을 찾게 하셨다. 덕분에 다른 누군가에게 의지하는 대신 내가 스스로 성장하고 발전할 수 있었던 듯하다.

초등학교 1학년 때부터 스케이트를 타기 시작해, 지금까지 22년간 선수생활을 했다. 2013년에 처음 국가대표가 되었으니 선수생활 중 절반을 국가대표로 산 것이다. 운이 좋게도 나는 국가대표가 된 첫해 한덕현 교수님을 만나 멘탈을 단단하게 하는 데 많은 도움을 받았다.

    처음부터 단단한 멘탈을 가진 사람은 없다. 나는 힘든 일이 있을 때면 한 교수님과 대화하며, 이 또한 내가 성장하고 성숙해지는 과정일 뿐이라고 되뇌이며 이겨내고 버텨왔기에 그래도 조금은 단단해진 것 같다. 모든 문제는 생각보다 단순해서 맨 처음 해결 방법을 배우면 다음의 다른 문제들도 어렵지 않게 해결할 수 있다.

    내 경험들이 정답은 아니지만 흔들리지 않는 단단한 멘탈을 갖고자 하는 사람들에게 조금이나마 도움이 되었으면 한다. 내가 한덕현 교수님과 얘기하면서 답을 찾았듯이 여러분도 이 책을 보면서 답을 찾으면 좋겠다.

차례

프롤로그 불안하지 않은 사람은 없다 한덕현 **004**
프롤로그 불안과 긴장을 넘어 강인한 멘탈로 거듭나는 법 김아랑 **010**

1장 ✹ 흔들리고 주저앉는 이유

내면의 콤플렉스부터 파악하라 019
부정적 콤플렉스가 만들어지는 과정 | 자기비하에 빠진 사람들 | 콤플렉스에서 빠져나오려면

번아웃과 슬럼프에 빠진 사람들 031
번아웃 신드롬 | 완벽주의자들이 빠지는 함정 | 강박과 슈드비 콤플렉스 | 과정을 무시하는 사고의 위험성 | 성급한 결론과 합리화는 금물 | 슬럼프에서 벗어나기 위한 단계적 접근 | 찬스와 위기에 대응하는 연습해보기 | 불안과 긴장을 있는 그대로 인정하기

불안과 공포가 만든 괴물 054
두려움의 실체부터 파악하라 | 자기신뢰 키우기 | 예기불안과 준비성 | 트라우마를 떨치려면 | 자기학대를 하는 사람들 | 불안할 때 잊지 말아야 할 것

2장 ✹ 결국 해내는 사람들의 비밀

뿌리가 단단한 사람들 075
정체성부터 파악하라 | 역할갈등과 정체성

실수가 두려울 때 081
지나친 걱정은 실패에 대한 리허설일 뿐 | '다 잘될 거야'의 함정 | 진짜 긍정적인 사람들의 특징 | 잘못된 낙관론이 강박을 부른다 | 긴장과 초조를 이기는 법

부담감이 짓누를 때 096
평가에 발목 잡힌 사람들 | 주위 시선과 평가에 자꾸 흔들린다면 | 객관적인 자기 점검의 필요성 | 올바른 현실 인식이 중요한 이유

열심히 해도 성과가 나지 않는다면 108
성과와 집중력의 상관관계 | 자기효능감 높이기 | 나만의 루틴을 만들어라 | 성공하는 사람들의 루틴

긴장해서 실력 발휘를 못하고 있다면 122
준비도 성공도 잘게 나눠라 | 성공 경험의 중요성 | 자기 과소평가를 경계하라 | 내가 두려운 만큼 상대도 두렵다 ✳ 실전에서 긴장감 떨치는 법 ✳

3장 ✳ 더 나은 내일을 위한 준비 ✳

뛰어난 선수는 완벽을 추구하지 않는다 139
성공에 대한 오해 바로잡기 | 힘 빼기의 중요성 | 부정적인 생각을 되새김질하지 않기

힘들다고 자꾸 남에게 기대면 안 되는 이유 147
의존성과 불안 | 관계에서도 신호를 잘 살필 것 | 남보다 더 외로움을 느끼는 사람들 | 안정감과 의존성 사이 | 심리적 독립의 중요성 | 인생의 주도권 되찾기

경쟁과 비교 사이 163
비교를 멈추지 못하는 사람들 | 경쟁은 필연적이다 | 건강한 비교를 활용하라 | 피할 수 없는 경쟁에서 우리가 배워야 할 것 ✳ 프로라면 자기 데이터까지 관리하라 ✳

과거에서 벗어나라 175
누구에게나 전성기가 있었다 | 중년에 허무함과 박탈감을 느끼는 이유 | 예전만 못한 자기 자신 받아들이기 | 목표를 잃고 무기력하다면 | 목표에 의미 부여하기

아직 기회는 많다 **190**
위기 뒤 찬스, 찬스 뒤 위기 | 어려움이 없으면 성공은 더더욱 없다 | 다가올 기회를 준비하며

스트레스에서 벗어나 일을 즐기는 법 **200**
일을 즐긴다는 말의 진짜 의미 | 외부 평가와 자기 평가의 균형 | 결과로부터 자유로워지기

누적된 긴장과 피로, 지금 당신에게 필요한 것 **209**
균형 있는 삶 만들기 | 때로는 긴장보다 이완이 필요하다 | 시간을 느리게 재현하기 | 휴식의 중요성 ✳ 스타 선수들의 5가지 행동 습관 ✳

부록 ✳ 개인과 조직을 위한 몇 가지 조언 ✳

공동의 목표와 개인의 목표부터 구분하라 **225**
팀의 문제아를 바꾸는 기술 | 능동적 참여를 유도하라

좋은 리더 감별법 **233**
가짜 주윤발에게 휘둘리고 있다면 | 자기 자신에 대해 객관적으로 평가하라 | 진정한 리더는 어떻게 행동하는가

리더를 위한 효과적인 소통법 **244**
상대가 필요로 하는 것에 관심을 가져라 | 강요나 세뇌가 아닌 설득을 하라 | 먼저 듣고 핵심만 순서대로 말하라 | 야단치는 시간과 피드백하는 시간을 구분하라 | 감정을 말하지 말고 구체적 방법을 말하라 | 과잉 주문이 불안감을 낳는다 | 조직과 사람, 모두가 좋아하는 리더의 비결

에필로그 불안은 때로 진화를 예고하는 법이다 한덕현 **261**
주 **266**

1장

흔들리고 주저앉는 이유

내면의 콤플렉스부터 파악하라

부정적 콤플렉스가 만들어지는 과정

유독 나만 불행한 환경에 처해 있다고 생각될 때가 있다. 나름대로 열심히 살아왔는데 그럴듯한 성과물이 없는 현실에 실망하고 화가 나기도 한다.

그러다 흥분을 가라앉히고 돌아보면 남들만큼 치열하게 살지 않았다는 생각도 든다. 모든 게 다 못난 나 자신 때문인 것 같다. 누구나 한번쯤 해봤을 법한 생각이다. 이러한 생각들은 다 질기고 고약한 콤플렉스 때문이다.

콤플렉스란 행동이나 지각에 영향을 미치는 무의식에 거주하는 감정적 관념이다. 특히 열등감과 깊은 관련이 있고 희로애락의 감정과도 연관이 있다.

하루에도 공 던지는 폼을 몇 번씩 바꾸는 투수 A가 있었다. 이 선수는 고등학교를 졸업하고 프로가 된 첫 시즌에 곧장 팀의 에이스가 되었다. 빠른 공과 정확한 제구력, 잘생긴 외모, 좋은 매너, 프로 선수로서 어느 하나 빠지지 않는 조건을 가지고 있었다. 그런데 2~3년 차 때부터 공 던지는 폼을 바꾸기 시작했다. 자신이 던지는 볼의 속도가 느리다는 생각이 들어서다. 한 시즌에 몇 번을 바꾸는 것이 아니라, 일주일에도 몇 번, 심지어는 한 경기에서도 몇 번이나 폼을 바꾸기 시작했다. 그런데 폼을 바꾸면 바꿀수록 공의 속도는 더 느려졌다. 급기야 볼 컨트롤까지 잘 안 되기 시작했다.

A 선수가 자신의 공이 느리다고 생각한 이유는 첫해 혜성처럼 등장한 자신을 능가하는 후배 선수들이 그다음 해부터 많이 나오기 시작했기 때문이다. 자신보다 더 빠르고 강한 공을 던지는 투수 후배들이 나온데다, 다른 팀에 자신의 공을 잘 치는 강한 타자들이 점점 늘어나고 있었다.

첫해 좋은 성적을 낸 것에 자만하지 않기 위해 A 선수는 '넌 항상 부족해' '너보다 공을 훨씬 빨리 강하게 잘 던지는 선수가 많아' '너는 더 노력해야만 해야 해' 하고 계속 스스로 부정적인 채찍질을 하였다. 그러다 정규 시즌 시합을 했는데, 한 경기에서 상대 팀에게 난타를 당했다. 이런 일을 겪고 나니, 자신은 정말 부족한 사람이고, 노력을 해야만 하고, 지금 이 어려움을 이겨내기에는 역부족이라는 생각이 들면서, 현재의 자신을 부정하기 시작하였다. 내면에 부정적 콤플렉스가 형성된 것이다. 이 콤플렉스를 극복하기 위해 끊임 없는 '자기 불인정'이 시작되었다. 그래서 지금 자신의 공 던지는 폼을 인정하지 않고, 계속 폼을 바꾸기 시작한 것이다.

심리학 박사 할 어반Hal Urban은《긍정적인 말의 힘Positive Words, Powerful Results》에서 "말은 감정을 만들어낼 뿐 아니라 행동을 만들어낸다. 그리고 그 행동에서 삶의 결과가 나온다"고 말한다.[1] 나는 어반의 의견에 전적으로 동의한다. 그래서 내담자들에게 혼잣말이라도 자신을 비하하는 말은 삼가라고 조언한다. 그런 말을 내뱉는 순간 진짜 그렇게 되는 경우를 자주 봤기 때문이다.

자기비하에 빠진 사람들

어느 날 '준우승 전문가'라는 별명이 붙은 한 골퍼가 내게 상담을 요청해왔다. 프로 골프선수 4년 차인 그녀는 실력과 인품을 겸비한 선수로 알려졌지만 번번이 우승의 문턱에서 좌절을 맛봐야 했다. 항상 마지막 라운드에서 어처

구니없는 실수를 저질러 2등이나 3등으로 밀려났기 때문이다.

나를 찾아온 날도 우승을 놓친 날이었다. 첫날 외국 선수와 공동 선두를 달리던 그녀는 둘째 날 악천후로 4등으로 밀려났고, 마지막 날 1타를 줄이는 데 성공했지만 거기까지였다. 결국 준우승에 머무르게 된 그녀는 분을 삭이지 못했다.

일명 '2인자 징크스'가 생기는 이유는 결정적 순간에 수행 능력이 떨어지기 때문이다. 이런 실패가 반복되면 경기 때마다 실수할지 모른다는 불안감에 휩싸이면서 집중력이 더 떨어진다.

그녀는 프로 선수가 된 뒤 총 80경기를 치렀다. '톱 10'에 30여 차례나 들었지만 우승과는 인연이 없었다. 대회 때마다 드라이버샷, 아이언샷, 퍼팅 등이 돌아가며 말썽을 일으켰기 때문이다. 경기 수행 능력에는 큰 문제가 없었던 그녀는 지독하게 '운이 없다'고 생각할 수밖에 없었고 그래서 더 답답해했다.

골프를 시작하고 몇 년 지나지 않았을 때, 아직 어린 나이였던 그녀에게 주위 많은 사람이 프로가 되면 무적의 선수가 될 것이라며 칭찬을 아끼지 않았다. 실제로 그녀는 매우 좋은 성적으로 비슷한 또래에서 비교적 일찍 프로 골퍼가 되었다.

그러나 그것이 문제였다. 어린 나이에 TV나 잡지에서 보던 대단한 선수들과 경기를 치러야 한다는 압박감이 그녀의 발목을 잡은 것이다. 경기 때마다 심한 압박감에 시달리던 그녀는 자신의 주특기인 드라이버샷도 제대로 발휘하지 못했고, 아이언샷의 확률도 떨어졌다. 아마추어 때도 하지 않았던 실수가 잦아졌다. 이후 그녀는 동료 선수들 사이에서 "담력이 부족하다" "새가슴이다"라는 평가를 듣게 됐고, 스스로도 그런 생각이 들기 시작했다. 일종의 자기비하에 빠진 것이다.

자기비하를 다른 말로 바꾸면 '자기개념self-concept 빈약'이다. 자기개념이란 자신을 지각하고 평가하는 것을 의미하는 심리학 용어다. 보통 자기개념은 외부 환경과의 상호작용을 통해 형성되는데, 어릴 때는 그 대상이 부모가 되지만 어른이 되면서 대상이 시시각각 바뀐다.

흔히 "사람은 환경이 중요하다"고 말한다. 이는 자기개념을 형성하는 환경이 어떠한가에 따라 정체성이 결정되기 때문이다. 이러한 자기개념은 외부 환경보다 내면의 힘에 더 크게 좌우된다. 외부 환경과의 상호작용을 받아들이고 조절하는 주체가 자기 자신이기 때문이다.

따라서 자기개념에서 중심이 되는 것은 '자기self'다. 나를 담는 최초의 그릇이 자기인 것이다. 이 개념이 빈약하거나 자기비하로 채워지면 정체성을 규정하는 후속 정보마저 오염된다. 기름으로 뒤덮인 바다에 1급수 맑은 물을 붓는다고 가정해보라. 바다가 정화되기는커녕 오히려 오염된 바닷물의 부피만 늘어날 것이다. 자기개념도 같은 이치로 설명될 수 있다.

자기비하의 덫에 걸리는 것은 비단 운동선수만이 아니다. 경력직으로 통신회사에 들어간 민구 씨도 같은 이유로 나를 찾아왔다. 그는 지방대를 졸업한 뒤 서울의 한 벤처기업에서 경력을 쌓던 중 회사와 협력 관계에 있던 큰 통신회사의 관계자 눈에 띄어 이직을 했다. 대기업으로 이직한 것이라 많은 이의 부러움을 샀지만 입사 2년 차인 그는 다시 이직을 고민 중이다.

함께 일하는 직원들의 스펙이 '못 나와도 서울대, 잘 나오면 하버드대'라는 사실이 그를 힘들게 한 것이다. 자신도 나름대로 경쟁력을 갖고 있다고 자부하고 있었지만 직장생활이라는 게 그리 만만치가 않았다. 보고서 작성, 회의, 의사결정, 프로젝트 진행 등에서 이렇다 할 성과를 내지 못하자 그는 스스로 자기 자신에 대해 한계를 긋기 시작했다.

이렇듯 자신감을 잃자, 민구 씨는 좋은 기술을 개발하고 있었음에도 불구하고 중요한 프레젠테이션에서 경영진에게 자신의 성과를 제대로 보여주지 못했다. '나보다 잘난 사람이 얼마나 많은데' '내가 잘해봤자 인정이나 해주겠어?' 하는 패배감이 그를 위축시켰던 것이다.

만년 2등만 하는 골프선수와 중요한 프레젠테이션에서 번번이 미끄러지는 직장인, 두 사람에게는 한 가지 공통점이 있다. 결정적 순간에 무릎을 꿇게 만든 '괴물'을 타인이 아닌 자기 스스로가 만들었다는 사실이다.

얼핏 보면 "저 선수는 새가슴이야" "저 친구는 PT만 하면 왜 저렇게 긴장해?" 하는 말들이 이들을 위축되게 만든 것처럼 보인다. 그러나 다른 사람의 입김에 힘을 실어준 건 자기 자신이다. 자기 안에서 나오는 말을 귀담아듣지 않고 남의 말에 확성기를 달아줌으로써 마음속 괴물을 키운 것이다.

자기비하를 일삼는 사람들의 특징 중 하나는 상대의 말을 전적으로 받아들인다는 것이다. 상대의 말이 타당한지를 따져보지도 않고 무조건적으로 수용함으로써 자기 자신을 압박하고 결국 나쁜 결과까지 초래하도록 만든다.

만약 객관적인 실력이나 연습량이 부족해 결과가 좋지 못한 것이라면 그 부분을 채우는 노력을 하면 된다. 하지만 심리적 요인으로 실패를 반복하는 경우라면 먼저 심리적 압박감under pressure이 되는 원인을 찾아 해결책을 모색해야 한다.

"내가 그럴 줄 알았어."

"난 여기까지야."

"이것도 어디야."

스스로를 작게 만드는 이런 말을 쉽게 해서는 안 된다. 누구도 스스로에게 이런 말을 함부로 던질 만큼 하찮은 존재가 아니다.

콤플렉스에서 빠져나오려면

콤플렉스가 없는 사람은 없다. 나 역시 콤플렉스에 시달린 적이 있다. 지금이야 나를 인정해주고 이해해주는 감독과 코치, 선수들이 많지만 이 분야에 입문한 초창기에는 완전히 이방인 취급을 받았다. 스포츠 정신의학에 입문하고 처음 얼마 동안은 '나는 누구이며 왜 이 일을 하고 있는가?'라는 질문을 자주 던졌다. 당시 나는 스포츠 분야에서 나를 정말 필요로 할 것이라 생각했다.

하지만 정작 스포츠 관계자와 운동선수들은 '저 사람은 대체 뭐야?' 하는 시선으로 나를 시큰둥하게 바라볼 뿐이었다. 취재 기자도 아니면서 경기 시작 전에 면담 시간을 내달라고 부탁하는 건 쉬운 일이 아니었다. 그들이 볼 때 나는 별종이었던 것이다. 이처럼 내 스스로에 대한 평가와 외부의 평가가 불일치하자 마음속 깊이 콤플렉스가 자리 잡기 시작했다. 콤플렉스에 시달릴 때마다 '나는 누구지? 왜 이 일을 하고 있지?'라고 물으며 힘든 시간을 보냈다.

당시 나는 야간 경기라도 있는 날이면 지방도 마다하지 않고 찾아가 선수들을 만났다. 쌈짓돈을 모으듯 아껴놓은 연차 휴가도 선수들의 전지훈련장을 방문하는 데 모두 써버렸다. 그렇게 3년 정도 시간이 흐르자, 이제는 으레 전지훈련장에 따라가야 할 것 같았다. 선수와 코치들도 당연하다는 듯 나를 맞아주었다. 소중한 연차를 전지훈련장 방문에 모두 쓴 보람이 있었다. 이처럼 내가 가야 할 곳에 가 있고, 있어야 할 곳에 있다는 느낌이 자신감으로 나타났고, 그 결과 '나는 뭐 하는 사람인가'에 대한 콤플렉스에서 자연스럽게 빠져나올 수 있었다.

김아랑 선수 역시 콤플렉스가 있다.
"2013년 처음 국가대표가 됐을 때가 생각나요. 최고 중의 최고만 모인 곳에서 그들의 노력과 간절함을 느끼며 저 역시 크게 긴장했죠. 당시 저는 열아홉 살이었고요. 많은 사람이 제게 의심의 눈초리를 보냈어요. 당연히 신경 쓰이고 흔들렸죠. 너무 어리다 보니 선생님들의 터치가 적어 혼자 터득해야 하는 것도 많았어요.

당시 저 말고 다른 모두를 부러워했어요. 다른 선수가 가진 능력을 저도 가지고 싶어 열심히 따라해봤어요. 그렇게 무작정 다른 선수의 스타일을 좇다 보니 제 경기 스타일을 조금씩 잃어갔죠. 제 신체 능력을 벗어나는 운동으로 부상도 겪었고요. 그게 바로 성적과 연결되다 보니 매년 순위가 떨어졌어요."

콤플렉스를 극복하려면 무엇보다 부정적인 자기 생각을 긍정적인 자기 생각으로 바꿔야 한다. 얼핏 쉬워 보이지만 사실 그렇게 간단하지는 않다. 왜냐하면 우리 스스로가 자기 자신을 잘 알고 있고, 자기 내면의 소리를 가장 크게 듣고 있기 때문이다. 다시 말해 나는 할 수 있고, 나는 문제없다고 아무리 입으로 크게 소리쳐도, 내 마음속에서는 '그래도, 아니잖아? 사실은 못하는 것이잖아?'라는 진실을 가장한 부정적 외침이 자꾸 들리기 때문이다.

그래서 콤플렉스를 극복할 때 가장 필요한 작업 중 하나가 아주 건조한 '내레이션 기법'이다. 즉, 있는 사실을 그대로 나열하게 하는 것이다.

앞서 소개한 A 투수에게 내가 가장 먼저 했던 것은 '투수의 역할'을 상기시키는 것이었다. 투수의 역할은 타자가 공을 치라고 던져주는 사람이다. 공을 못 치게 만드는 사람이 아니다. 투수는 18.44미터 거리의 투구 존에서 타자가 서 있는 타자 박스까지 공을 던지는 사람이다. 따라서 공을 빨리 던지든 늦게 던지든 그것은 두 번째 문제다. 투수의 첫 번째 역할은 타자가 공을 치도록 공을 던지는 것이다. 이런 근본적인 역할을 생각해볼 때, 타자가 공을 쳤으면 투수는 그 역할을 잘한 것이다. 그 이상도 그 이하도 없다. 바로 이 점을 상기시켰다. 이 선수는 지금 그라운드의 철학자가 되어 있다.

김아랑 선수도 그 당시 고교급을 능가하는 파워와 유연성 그리고 담대함을 가지고 있었는데, 그것을 자꾸 다른 선수와 비교하다 보니 빙상 트랙을 돌아야 하는 자기 자신을 잃어버린 것이었다. 이럴 때는 훈련 일지를 보는 식으로 자기 자신을 객관적으로 돌아보는 것도 좋은 방법이다.

김아랑 선수의 말이다. "훈련 일지에 제가 가진 장점들이나 저만이 할 수 있는 기술을 나열해봤어요. 우연히 다른 선수들과 이야기하다가 제 장점에 대해 듣게 된 게 그 시작이었죠. 저도 제가 가진 특별함 때문에 이 사람들과 함께 국가대표 팀에 있는 것이었는데 저는 스스로를 계속 낮추고 있었더라고요. 그 이후로 저는 다른 선수들이 가진 장점을 존중하면서, 그 선수들과 함께 경기장에 나서는 저를 인정하고 제가 잘하는 것에 더 집중할 수 있었어요."

이렇게 김 선수는 훈련 일지를 보며 자기 자신을 찾아가는 행위를 반복함으로써 객관적 평가를 바탕으로 다른 사람과의 비교에서 벗어나 콤플렉스를 치유할 수 있었다.

이처럼 콤플렉스는 극복해야 할 그 무엇이면서 우리에게 필요한 에너지가 되기도 한다. 다양한 가면을 쓰고 있는 콤플렉스를 해결하다 보면, 약함은 받아들이고, 내 예상보다 강한 것에는 도전을 하게 된다. 그러면서 도전과 실패, 또다시 도전하는 과정에 익숙해지게 된다.

번아웃과 슬럼프에 빠진 사람들

번아웃 신드롬

시험 한 달 전부터 공부를 하는데도 성적이 오르지 않는 학생, 매일 야근을 하는데도 성과가 나지 않는 직장인이 있다. 본인이나 주위 사람 모두 그렇게 노력하는데 왜 결과가 좋지 않은지 모르겠다며 의아해한다.

"칼퇴근하는 사람들이 한심하다고 생각했어요. 일에 대한 열정 없이 그저 대충 사는 것으로 보였거든요. 그런데 요즘 제가 그래요. 마감 시한을 넘겨도 자책감이 들지 않고 될 대로 되라는 식이죠. 회사에 불만이 있는 건 아닌데, 더 이상 노력하고 싶지가 않아요."

45세인 무성 씨는 얼마 전 이직을 했다. 그런데 에너지가 방전된 상태에서 자리를 옮긴 것이 화근이었다. 요직으로 옮긴 터라 의욕을 갖고 최선을 다해 일했으나 그 의욕이 금방 사그라든 것이다.

무성 씨처럼 한 가지 일에 몰두하던 사람이 신체적·정서적 피로를 호소하며 무기력증이나 자기혐오에 빠지는 현상을 '번아웃 신드롬burnout syndrome'이라 한다. 한마디로 체력과 열정이 모두 탈진된 것이다.

무성 씨는 성과지상주의자로, 이런 사람들은 휴식 상태를 잘 견디지 못한다. 일이 없으면 자신의 능력이 상실된 것으로 믿기 때문이다. 이런 삶에는 전력 질주만 있을 뿐 재충전의 시간이 들어설 여유가 없다. 재충전하지 않고 전력 질주를 계속하다 보면 인지 능력이 한계에 다다르게 되어 결국 슬럼프에 빠질 위험이 커진다.

슬럼프에 대해 좀 더 이야기해보자. 슬럼프가 계속되면 번아웃이 나타날까? 반대로 번아웃이 계속되면 슬럼프에 빠질까? 둘 다 맞는 말이기도 하고, 틀린 말이기도 하다. 바꿔 말하면, 둘은 상관관계가 있을 수 있지만 조금 결이 다르다.

번아웃은 일을 잘하는 사람도 쉼 없이 계속 일을 하다 보면 겪을 수 있다. 즉 '쉼'에 대한 중요성이 강조되는 상황이다.

슬럼프는 충분히 할 수 있는 퍼포먼스가 지속적으로 안 되는 상황을 말한다. 즉 '퍼포먼스'에 관련된 이야기다. 그래서 슬럼프에 빠진 사람이 거기서 빠져나오기 위해 쉼 없이 노력하면 당연히 번아웃이 올 위험이 높다. 또 잘하던 일도 쉼 없이 계속한 결과 번아웃에 빠지면 퍼포먼스가 떨어지고, 그러면 평소 하던 일도 잘 안 되는 슬럼프를 겪을 수 있다.

하지만 이를 해결하는 방법이 다르다. 즉, '쉼'을 통해서 '퍼포먼스'를 올려야 하는가, 아니면 '퍼포먼스'를 향상시켜 번아웃을 예방해야 하는가의 문제이다. 퍼포먼스가 향상되려면 효과적인 노력이 필요하다. 이를 통해 번아웃이 예방되는 것이다.

인간의 인지 능력에는 인지적 안정성cognitive stability과 인지적 유연성cognitive flexibility이 있다. 이 둘이 조화를 이뤄야 일의 효율성이 증가한다. 인지적 안정성이란 하던 일을 그대로 유지하는 능력을 말하고, 인지적 유연성이란 하던 일을 다른 일로 전환하는 능력을 말한다. 안정성이 지나치면 고지식하고 융통성 없는 사람이 되지만, 유연성이 지나치면 산만하고 목표가 없는 사람이 되기 쉽다. 그래서 두 가지 능력의 균형이 중요하다.

휴식 없이 일만 하는 사람들은 인지적 안정성을 중시하

는 유형이다. 지나치게 안정성을 추구하면 삶은 피곤해진다. '뭐라도 붙들고 있어야 안심이 된다'는 생각이 진정한 휴식을 방해하기 때문이다. 이런 유형의 사람들은 새로운 일을 시도하기 전에 자기 검열 리스트부터 만든다. 당연히 일의 효율성은 떨어질 수밖에 없다.

    일을 할 때 자꾸 뭔가 깜빡하고 기억력이 떨어졌다며 치매를 의심해 진료실을 찾는 경우가 있다. 주로 휴식 없이 일만 하는 젊은 사람들이다. 이는 일이 정신없이 바쁜데다, 대책 없이 많이 벌여놓은 일에 대한 걱정과 불안, 우울감이 자신의 인지 기능을 떨어뜨려 평소 자신이 가지고 있는 기억력이나 판단력이 흐려져 그렇게 느끼는 것뿐이다. 젊은 나이에 치매가 발병할 확률은 정말 희박하다. 마치 수천 년 전에 어느 별에서 자신을 사랑하던 사람이 시간의 흐름을 돌고 돌아 오늘에야 나를 만나러 오게 된 확률이라고 할까.

    우울감이나 불안감으로 인해 기억력이나 판단력이 떨어지는 현상을 가성치매라고 하는데, 노년층에서나 볼 수 있다. 하물며 젊은 층에는 가성치매라는 말을 붙이지도 않는다. 그저 '착각'일 뿐이다.

완벽주의자들이 빠지는 함정

나를 슬금슬금 피하던 선수들이 어느 날 갑자기 자발적으로 찾아올 때가 있다. 바로 자신이 슬럼프에 빠졌다고 생각했을 때다. 그런데 슬럼프에 빠진 직후에 찾아오는 것이 아니다. 이 방법 저 방법 다 써보고 난 뒤 '아, 이제는 정신과 의사라도 만나봐야겠다' 하는 심정으로 나를 찾아오는 것이다. 놀라운 것은 선수들이 슬럼프에서 빠져나오려고 나름대로 열심히 노력해봤음에도 불구하고, 전혀 효과가 없다는 사실이다.

"제가 왜 이러는 건지 모르겠어요."

슬럼프에 빠진 선수들과 면담할 때 가장 많이 듣는 말 가운데 하나다. 그런데 정작 면담을 하다 보면 슬럼프에 빠진 이유가 하나둘 나오기 시작하고, 이유는 금세 십여 사시로 늘어난다. 문제는 이처럼 그들이 말하는 슬럼프의 이유가 한두 가지가 아니라는 것이다. 예전에 입은 부상 때문인 것 같기도 하고, 새로 부임한 코치의 잔소리가 듣기 싫어서인 것 같기도 하고, 부모님의 기대 때문인 것 같기도 하고…. 운동하기 싫은 갖가지 이유를 대면서도 그들은 정작 자신이 슬럼프에 빠진 '진짜' 이유를 알지 못한다.

문제가 발생하면 원인부터 파악해야 한다. 슬럼프 기간이 긴 선수들을 보면 이런저런 방법을 다 써보고 난 뒤에야 가까스로 좋아지는 경우가 종종 있는데, 이는 처음부터 주요 원인을 찾지 못하고 다른 곳에서 헤맸기 때문이다.

선수들이 주요 원인에 접근하지 못하는 건 몰라서가 아니라 그 원인을 받아들이지 못하기 때문이다. 예컨대 자신이 프로 축구선수임에도 왼발 드리블 실력이 아마추어 수준밖에 안 된다면 차마 그 사실을 받아들일 수 없는 것이다. 자신의 결핍이나 단점을 인정하는 일은 알몸을 만천하에 드러내는 일만큼 두려운 일이다. 특히 완벽주의자일수록 더욱 그렇다.

완벽주의자들은 방어의 귀재들이다. 이들이 주로 사용하는 방어기제는 '감정의 고립'이다. 감정의 고립은 생각을 느끼는 주체가 감정과 격리됨으로써 아무리 해로운 생각을 해도 불편한 감정을 느끼지 않는 상태를 말한다.

어떤 문제를 반복적으로 생각하면 답답하고 괴로워지기 마련이고, 딱히 대안이 없기 때문에 불편한 감정이 들 수밖에 없다. 하지만 감정의 고립은 이런 감정이 동반되지 않는다. 문제를 반복적으로 떠올려도 불편하거나 감정이 소모되지 않기 때문이다. 이런 상태가 되면 정신과 치료 효과도 현저히 떨어진다. 이때는 통증(불편한 감정)을 느끼게 하는 것이 치료의 시작이 되어야 한다.

간혹 완벽주의적 성향의 사람들과 이야기를 하다가 '넌 왜 그렇게 부정적이야' '일이 되게끔 생각해야지, 왜 늘 안 되는 쪽으로만 생각하는 거야?'라는 말로 그들을 비난할 때가 있다. 이런 말들은 완벽주의자들을 잘 이해하지 못하고 하는 말들이다.

완벽주의 성향을 가진 사람들은 부정적인 상황만을 떠올리고 있는 것이 아니라, 플랜 B, 플랜 C, 플랜 D를 준비하기 위해 머릿속에서 각 상황에 대한 알고리즘을 그리고 있다. 그래서 플랜 A가 될 때는 당연히 거기서 알고리즘이 끝나지만, 안 된다면 플랜 B로 간다. 여기서 플랜 B를 세우기 위해서는 당연히 플랜 A가 안 된다는 가정문 'IF'가 붙어야 한다. 하지만 보통은 이런 상황을 잘 모르기 때문에 이들이 부정적이라고 느끼는 것이다.

실제로 완벽주의자들을 치료하는 데는 많은 시간을 필요로 한다. 나는 완벽주의자를 상담할 때면 먼저 마음의 무거운 짐부터 내려놓으라고 요구한다. 마음의 짐을 내려놓아야 불필요한 에너지 소모가 적기 때문이다. 수치스러움과 자신감 상실을 내려놓지 않으면 '말할까 말까?' '이 얘기를 하면 상대가 날 어떻게 생각할까?' '그냥 거짓말을 할까?' 하는 소란한 마음들과 싸워야 한다.

나는 이런 사람들과 상담할 때면 처음에는 그들의 이야

기를 듣는 데 대부분의 시간을 사용한다. 그동안 쌓인 힘든 이야기를 모두 털어놓고 나면 그들은 속이 후련해져 용기를 갖고 다른 이야기도 거침없이 하게 된다.

강박과 슈드비 콤플렉스

불안을 동반한 병적 강박 행동을 보이는 사람들이 있다. B 씨는 외출하기 위해 문을 잠그고 집을 나섰다. 그런데 100미터 정도 갔다가 갑자기 문을 잠그지 않은 것 같아 다시 집으로 돌아가 확인한다. 문이 제대로 잠긴 것을 확인하고 다시 외출에 나서지만 150미터쯤 가서 또다시 불안해진다. 결국 B 씨의 외출은 엉망이 되고 만다. 이처럼 강박이란 자신의 의지와는 상관없이 특정한 사고나 행동을 떨쳐버리고 싶어도 시도 때도 없이 반복적으로 하게 되는 심리 상태를 말한다.

직장인 7년 차인 해성 씨는 최근 국내 대학의 MBA에 진학했다. 직장 동료들 모두가 하는 공부를 자신만 안 하면 뒤처질 것 같은 생각이 들었기 때문이다. 경쟁이 치열한 곳에서 일하는 직장인이라면 이런 강박증에서 벗어나기 힘들다. 그런데 해성 씨는 MBA와 더불어 CFA(공인재무분석사)도 준비하고 있다. 회사생활과 결혼생활만으로도 버거운데 자기 계발까지 하느라 이만저만 고된 게 아니다. 이는 해성 씨에게만 해당되는 이야기는 아닐 것이다.

현대 사회를 살아가는 대부분의 사람들은 미래를 위해 오늘의 행복을 기꺼이 담보로 내놓는다. 정신분석학자 카렌 호나이Karen Horney는 '슈드비 콤플렉스should be complex'라는 용어로 이러한 현대인의 불안을 진단했다.[2] 늘 뭔가를 해야 하는 강박 상태, 해야 할 일을 제때 하지 못했을 때나 해야 하는 일이 너무 많아 패닉 상태일 때 우리는 슈드비 콤플렉스에 빠졌다고 말한다. '정체는 곧 지체'라고 인식하는 사회 분위기가 만들어낸 일종의 신경쇠약증이다.

한 번의 실수로 1년간의 노력이 수포로 돌아가는 운동선수들에게는 어떤 강박증이 있을까? 장래가 보장된 한 테니스선수가 있었다. 그런데 그는 늘 중요한 시합을 앞두고 불안에 시달렸다. 심지어 라인을 밟으면 안 된다는 강박증까지 생겨났다. 테니스 코트가 아니더라도 집 주변의 라인을 밟으면 시합에 질 것 같은 느낌이 들었다. 그러다 보니 정작 본경기를 할 때, 라인을 피해 다니는 데만 신경을 쓰느라 플레이에 집중하지 못해 결과가 엉망이었다. 행동 하나하나를 모두 고려하게 하는 강박적 행동은 정작 신경 써야 할 부분을 놓치게 만듦으로써 성과를 망치는 주범이라

할 수 있다.

상담을 통해 이 선수의 강박적 사고 정도를 체크해보니 징크스가 큰 문제였다. 징크스로 인해 자신도 모르게 경기에 집중하지 못하는 결과를 초래했던 것이다.

시합 때 과정에 집중하면 생각이 많아져 좋지 않다고 알려져 있다. 차라리 머리를 비우고 경기를 하는 것이 낫다는 것이다. 그렇지 않다. 정작 아무 생각 없이 경기에 나서면, 무의식 속에 자리 잡은 불안 때문에 긴장감이 높아진다. 당연히 경기력이 나빠질 수밖에 없다.

나는 이 선수에게 사고의 전환을 유도했다. "빠른 공을 치려면 하체가 먼저 고정되어야 하고, 스핀이 강하게 들어오는 공은 백스윙을 짧게 하고…" 이런 식으로 선수의 관심을 플레이에 집중시켰더니, 휘어 들어가는 공과 스핀을 구사하는 능력이 좋아졌다. 이와 함께 라인을 밟지 말아야 한다는 강박적 사고도 줄면서 경기력이 향상되었다. 결과보다 과정에 집중하도록 만든 노력의 성과였다.

과정을 무시하는 사고의 위험성

우리나라 프로 스포츠 사상 가장 비참했던 연패의 기록을 꼽는다면 1998-1999시즌 대구 동양오리온스 농구팀이 세운 32연패다. 시즌 초반 서너 경기를 마칠 때까지만 해도 다른 팀과 비슷한 기량을 보였지만 2연패, 3연패를 하자 동양오리온스 선수들은 '연이어 졌다' '시즌 초반부터 글렀다'라는 부정적인 생각에 빠져들기 시작했다. 오늘 진 경기와 어제 진 경기의 원인과 이유가 다른데도 그들은 '졌다'라는 공통된 결과에만 집중한 것이다.

20연패가 넘어가고 언론에서 비난이 폭주하자 동양오리온스는 연패의 늪에서 빠져나오기 위해 고사를 지내고, 불공을 드리는 등 갖은 노력을 다했지만 결국 전무후무한 32연패까지 기록했다.

위 사례는 '폰 도마루스Von Domarus 법칙'을 잘 보여주고 있다. 도마루스는 정상인이 주어부를 중심으로 사고하는 데 반해, 정신분열병 환자는 술어부만 같으면 주어부도 같은 것으로 단정한다고 했다. 이를테면 "성모마리아는 처녀다. 나는 처녀다. 그러므로 나는 성모마리아다"라는 식의 논리 전개를 펼치는 것이다.[3]

반면에 정상인은 주어부를 중심으로 사고한다. 이를 '아리스토텔리안Aristotelian 법칙'이라 하는데, "미국에서 태어난 사람은 미국인이다. 존은 미국에서 태어났다. 그러므로 존은 미국인이다"라는 식이다. 이렇게 주어와 술어가 제자리에 있으면 상식적인 사고가 되지만, 순서가 바뀌면 망상이 될 수 있다.

폰 도마루스 법칙은 종목을 가리지 않고 선수들과 스포츠 팀을 괴롭힌다. 슬럼프에 빠진 선수들이나 팀은 대부분 폰 도마루스 법칙에 사로잡혀 허우적거리는 경우가 많다.

"배트 중심에 제대로 맞았는데 아웃되었다. 공을 하나도 못 맞혀 삼진아웃을 당했다. 그러므로 나는 두 타석 모두 아웃되었다."

"어제도 졌다. 오늘도 졌다. 우리는 이틀 연속 졌다. 연패의 늪에 빠졌다."

이처럼 슬럼프에 빠진 선수들이나 팀은 경기 결과, 즉 술어부에만 집중한 채 성급한 결론을 내린다. 이렇게 술어부에 집중하는 선수들이나 팀은 답보 상태에 빠지기 쉽다. 패인을 제대로 분석하지 않고 다음 경기에 임하기 때문이다.

성급한 결론과 합리화는 금물

성급한 결론은 과정을 은폐한다. 과정이 은폐되면 실패 요인을 제거하고 성공으로 가는 핵심 요인을 놓칠 수 있다. "이번 경기는 체력적으로 우리 팀이 불리할 수밖에 없었어"라고 패인을 선수들의 체력에만 둔다면 다른 패인을 들여다볼 수 없다. 이미 내린 결론을 뒤집는 수고를 피하고 싶어 하기 때문이다. 그래서 나는 상담 때마다 선수들에게 성급한 결론을 내리지 말라고 요구한다.

주어와 과정을 중시하는 상황에서 거론되어야 할 또 하나의 중요한 법칙이 있다. 바로 '합리화 법칙'이다. 합리화란 자신이 한 행동이나 생각에 대해 적절한 논리적 근거를 마련하는 과정을 말한다. 이 합리화가 심각하게 비논리적으로 진행되면 정신분열 상태로 발전할 수 있다.

예를 들어 계속된 시합으로 연습보다는 휴식이 필요한 골프선수가 창밖에 내리는 비를 보며 "오늘은 비 때문에 연습을 못 하겠다"라고 말한다면, 이는 핑계를 대고 있는 것이다. 사실은 휴식이 필요하지만 그럴듯한 이유가 있어야 자신이 게으른 선수가 아님을 증명할 수 있기 때문이다. 이것이 바로 적절한 합리화다.

그런데 똑같은 상황에서 자신은 힘들어 연습을 쉬면서 다른 선수가 연습하는 것은 불안한 나머지 골프장에 전화를 걸어, "지금 비가 오니 잔디를 보호하려면 연습장에 아무도 들여보내서는 안 된다"고 말한다면, 이는 신경증적 상태라고 할 수 있다.

이와 같이 다소 신경증적 반응을 보이는 선수들이 종종 있다. 라커룸에서 잘 들리지도 않는 발자국 소리 때문에 후배들을 나무라는 예민한 선배 골퍼, 자신이 기분 나쁜 것을 애꿎은 후배들에게 화풀이하는 철없는 선배가 그들이다. 이러한 비논리적 접근과 반응은 다른 사람에게 인정받을 수 없으며 자신의 위신만 떨어트릴 뿐이다.

슬럼프에서 벗어나기 위한 단계적 접근

슬럼프에 빠졌을 때 현명한 선수와 그렇지 못한 선수의 특징이 있다. 서른일곱 살의 두 야구선수를 예로 들어보자.

현명한 선수는 경기 때 공이 잘 안 맞으면 경기가 끝나고 난 뒤 비디오 분석관을 불러 자신의 자세를 관찰하고 분석한다. 그러고 나서 코치에게 자신의 잘못된 자세를 묻고 고쳐야 할 부분을 바로잡으며 연습한다. 이 선수는 다른 연습도 해야 하지만 욕심을 내면 다음 날 경기를 할 때 체력에 문제가 생길 수 있다는 사실을 안다. 남들은 천재라고 하지만 자신의 나이가 벌써 서른일곱임을 수시로 자각한다. 가장 중요한 포인트를 집중적으로 연습하는 것이 실전에 도움이 된다고 생각하며 스스로를 격려한다.

한편 현명하지 못한 선수는 경기가 끝나고도 새벽 두세 시까지 무조건 연습에 매달린다. 어느덧 서른일곱이 된 그는 시간 날 때마다 은퇴를 생각하며 불안해한다. 은퇴하기 전에 마지막 불꽃을 태우리라 다짐하고 밤낮을 가리지 않고 연습에 매달리지만 정작 경기 때는 체력이 뒷받침되지 못해 제 기량을 선보이지 못한다. 그런 날은 절망에 빠져 더 열심히 연습한다. 그러니 그다음 날은 더 힘이 빠진다. 이제 체력이 못 따라가 마지막 불꽃도 태우지 못하고 결국 은퇴하는 것인가 싶어 좌절만 늘어간다. 마치 모래밭 위에서 열심히 노를 젓다가 정작 바다 위에서는 힘이 떨어져 배를 앞으로 나아가게 할 수 없는 상황과 같다.

운동이 안 될 때, 즉 슬럼프에 빠졌을 때, 왜 안 되는지 하루 종일 고민하는 선수가 가장 흔히 하는 행동은 두 가지다. 하나는 연습을 더 많이 하는 것이고, 다른 하나는 아예 운동을 떠나서 마음의 리셋 작업에 들어가는 것이다. 그런데 그전에 꼭 짚고 넘어가야 할 것이 몇 가지 있다.

우선 '내가 진짜 슬럼프인가?'라는 판단이다. 슬럼프에 빠졌다며 나를 찾아온 선수 중에 면담을 이어가지 않고, 연습장으로 돌려보낸 선수가 있다. 실력에 비해서 자신에 대한 평가 기준이 너무 높은 경우다. 이들은 자신이 그 높은 기준을 만족시키지 못할 때, 괜히 실망하고 낙담하며, 다른 사람에게는 슬럼프라 이야기하는 것이다. 이럴 때는 면담 후 슬럼프가 아니라 '실력 부족'이라 바꿔 말한다. 평소 일정 수준의 퍼포먼스를 보이는 사람이 그 정도의 퍼포먼스를 오랜 기간 동안 보이지 못할 때가 진짜 슬럼프다.

슬럼프에 빠졌더라도 슬기롭게 극복하는 사람들이 있다. 이들은 대개 과정과 앞서 폰 도마루스 법칙에서 설명한 것처럼 주어부를 소중히 여길 줄 아는 사람들이다. 이때 주어부를 중시하는 사람은 문제의 원인을 밝히는 일부터 차근차근 단계적으로 해결해나가지만 술어부를 중시하는 사람들은 그렇지 못하다.

사실 평소의 퍼포먼스를 결정하는 것은 선수 본인에게만 달린 문제는 아니다. 과거 우리는 운동 실력을 논할 때 '남 탓 하지 마라, 오직 네가 책임져야 한다. 오직 실력의 문제다'라고 강요되듯 배워왔다. 그런데 현실에서는 선수의 컨디션, 경기장의 시설, 날씨, 심판, 관중 등 무수히 많은 요소들이 퍼포먼스의 수준을 결정짓는다.

따라서 평소의 퍼포먼스를 보이지 못한다면, 그 원인이 어디에 있는지에 대한 객관적인 분석이 중요하다. 이때 내가 고쳐야 할 것과 내가 고치지 못하는 것, 변화될 수 없는 것들에 대한 요인 분석이 객관적으로 이루어져야 한다. 그것이 과정과 주어부에 대한 분석이라 할 수 있겠다.

김아랑 선수는 경기 중 다른 선수의 방해로 넘어진 적이 있다. 그동안의 노력이 물거품이 되었으니 허무하고 억울하기도 했을 것이다. 이럴 때는 어떻게 해야 할까? 방금 말한 것처럼 객관적인 분석을 통해 사실 관계를 명확하게 파악하려는 자세가 필요하다.

"실력이 없어서" "재수가 없어서" "컨디션이 안 좋아서"라는 말은 조금도 도움이 되지 않는다. 다른 선수의 방해로 넘어진 김 선수는 다른 선수의 방해가 닿지 않게 더 속도를 내는 방법을 찾아냈다. 원인을 분석하고 내가 고쳐야 할 것에 집중한 것이다. 덕분에 자칫 슬럼프로 빠질 수 있는 상황에서 벗어날 수 있었다.

연패를 기록한 팀이나 선수들이 슬럼프에서 벗어나기 위해서는 단계적 접근이 중요하다. 여러 발전 단계를 거쳐야 성과가 나듯이, 실패에서 벗어날 때도 단계를 거쳐야 한다. 그런데 대다수 사람들은 이 사실을 잘 모르고 있다. 등산에는 산에 오르는 과정뿐만 아니라 내려오는 과정까지 포함된다. 그것이 등산의 정체성이다. 경기 운용이나 업무에서 성과를 내는 과정도 마찬가지다.

슬럼프 극복은 물론 인생에서도 이 단계적 접근은 매우 중요하다. 산에 오를 때 어떤 사람은 정상을 밟는 일에만 몰두한다. 반면 어떤 사람은 산에 오르는 과정을 즐긴다. 누가 더 등산을 잘하는 사람일까? 당연히 과정을 즐기는 사람이다. 이런 사람은 과정 자체를 즐기는 데 목적이 있기 때문에 얼마나 빨리 정상에 올랐는지는 전혀 중요하지 않다.

과정을 즐기는 사람은 실패도 '건설적인 실패'로 받아들일 줄 안다. 선수들 중에도 과정을 중시하는 선수들은 삼진 아웃을 당하더라도 자신이 무엇을 잘했고 어떤 실수를 저질렀는지, 어디까지가 자신의 실력인지 구분하려 애쓴다.

흔히 슬럼프에 빠지거나 일이 잘 풀리지 않을 때는 하루아침에 상황이 나빠진 것처럼 생각되기 쉽지만 실제로는 그렇지 않다. 성이 무너지는 것은 균열에서 시작되듯 실패의 문턱을 넘은 후에야 실패라는 최종 결과가 나타난다.

지금 자신이 슬럼프라고 생각된다면, 우선 진짜 슬럼프인지 파악하고 단계적으로 접근해 해결책을 찾아보자.

찬스와 위기에 대응하는 연습해보기

현명한 선수는 연습할 때 찬스와 위기를 미리 생각해본다. 실제로 일어날 수 있는 장면을 상상하며 상황에 맞는 대비를 해두기 위함이다. 이런 연습을 하면 집중도가 높아질 뿐만 아니라 불필요한 훈련을 하느라 시간을 낭비하지 않게 된다. 실전을 방불케하는 연습은 실전에서 성공 확률을 높여준다. 이런 위기 대응 훈련으로 실전에서 성공을 경험한 선수는 경기에 대한 자신감이 더 커지고 자신이 가진 기술을 능란하게 발휘할 수 있게 된다.

반면 슬럼프에 빠지는 선수는 자신에게 찬스와 위기가 찾아올 확률이 적다고 생각한 나머지 일반적인 훈련에만 몰두한다. 설령 찬스나 위기가 오더라도 자신은 다른 선수로 교체될 거라고 생각한다. 놀라운 것은 이런 생각을 하는 선수들에게는 실제로 찬스가 적게 주어진다는 사실이다. 감독과 코치의 눈에도 이들은 의욕이 없어 보이기에 찬스나 위기 상황에서 다른 선수로 교체되는 것이다.

어떤 날은 중요한 순간인데도 교체할 선수가 없어 이런 선수를 계속 출전시키는 경우도 있다. 그러면 예외 없이 기회를 살리지 못하고 경기가 허무하게 끝나버린다. 감독이 다음 경기에서 이 선수를 어떻게 활용할지는 굳이 설명하지 않아도 알 것이다.

자신의 앞날에 대해 상상하는 내용은 사람마다 다를 수 있다. 예를 들면 A 선수는 자신의 능력을 믿고 어떠한 상황이 주어지든 성공적인 결과를 만들기 위해 대비한다. B 선수는 능력의 한계를 미리 설정하고 찬스나 위기 상황에 대비하지 않는다. 두 선수 모두 피나는 연습을 하지만 결과는 다를 수밖에 없다.

특정한 상황에서 불안감을 느끼는 것은 그 상황에 대처할 방안이 미숙하기 때문이다. 이럴 때는 누구나 예민해질 수밖에 없다. 자신의 무기가 전쟁에서 이길 만큼 완벽하지 못하다는 걸 누구보다 자신이 잘 알고 있기 때문이다. 완벽한 준비를 했을 때 우리는 심리적 안정감을 얻을 수 있다.

돌이켜보면 김아랑 선수와 이야기를 할 때, 우리는 찬스와 위기에 대해서 구체적으로 이야기한 적이 별로 없는 것 같다. 다만 우리는 늘 다음 계획을 세웠다. 2014년 소치 올림픽 때는 2018년 평창 올림픽 계획을 세웠고, 2018년 평창 올림픽 때는 2022년 베이징 올림픽 이야기를 했다. 물론 연습을 어떻게 하고 시합을 어떻게 하자는 이야기도 했지만, 2014년 성적이 2018년을 준비할 때 어떻게 사용될 것이며, 그 커리어가 2022년과 2026년에 김 선수의 미래를 준비할 때 어떻게 작용할지에 대한 이야기를 나누었다. 즉 우리는 찬스와 위기보다 늘 '준비'에 대한 이야기를 했다. 준비는 내 인생에 찬스가 올 때도 필요한 것이고, 위기가 올 때도 필요한 것이다.

불안과 긴장을 있는 그대로 인정하기

김아랑 선수는 첫 올림픽 출전에서 개인전 메달을 따지 못했다. 자신은 물론 주위에서도 아쉬움이 컸다. 그러니 두 번째 평창 올림픽 국가대표 선발 직후 '무조건 메달을 따야 한다'는 생각 때문에 부담이 컸다. 김 선수는 당시 "개인전 메달을 따지 못하면 세상에서 제일 불행한 선수가 될 것 같다"고 말했다.

그때 나는 최악의 상황을 생각해보자고 했다. 몇 번의 면담을 통해 김아랑 선수는 최악의 상황에 대해 구체적으로 생각하기 시작했다. 그러다 "메달을 못 딴다고 삶에 큰 재앙이 생기진 않는다"는 데 이르렀고, 자신감을 회복했다. 지레 겁먹고 불안해하지 말고 '메달을 못 따도 괜찮으니 일단 해보자' 생각하게 된 것이다.

나는 불안감을 호소하는 사람들에게 무턱대고 자신감을 가지라고 충고하지 않는다. 대신 위기 상황에 대비해야 할 것들을 짚어보며 함께 대화를 나눈다. 자신이 무엇을 준비해야 하는지 아는 것만으로도 두려움을 물리칠 수 있다. 그것이 두려움 극복을 위해 가장 먼저 갖춰야 할 무기다.

경기를 우세하게 이끌어가는 선수들은 "긴장되고 떨리는 순간에는 그냥 그 사실을 인정하는 것이 떨지 않는 가장 큰 비결"이라고 입을 모아 말한다.

"2만 5,000명이 넘는 관중이 지켜보는 최종 결승전인데 긴장되는 게 당연하죠. 어떻게 안 떨릴 수가 있겠어요? 그런데 얼핏 보니 골키퍼가 살짝 오른쪽으로 움직이는 것 같더라고요. 그 틈을 놓치지 않고 왼쪽 구석만 보고 슛을 날렸더니 그게 들어간 거예요."

국가대표 축구팀에서 맹활약을 펼치고 있는 스타 선수가 한 말이다. 이에 반해 '7년째 유망주'로 언급되며 2군에서 뛰고 있는 한 축구선수는 이렇게 말했다.

"2만 5,000명이 넘는 관중이 모인 최종 결승전에서 '떨지 말자, 떨지 말자' 하고 스스로에게 계속 주문을 걸었어요. 떨리지 않는 척하며 대범하게 행동했죠. 사실 공이 저한테 패스되기 전까지는 그렇게 두렵지 않았어요. 그런데 막상 공이 제 앞에 떨어지니 어떻게 슛을 해야 할지 모르겠더라고요."

'긴장되는 순간을 인정하고 받아들이느냐' 아니면 '떨리지 않는 척 외면하느냐'에서 이렇게 큰 차이가 난다. 누구나 떨리는 순간에는 실수할 수 있다. 이처럼 결정적인 상황에서 효과적인 기술을 선보이는 데 실패하고 평정심을 잃는 것을 '초크choke'라고 한다. 운동선수들과 상담을 하다 보면 초크를 슬럼프와 혼동하는 경우가 많다.

흔히 사람들은 축구 경기에서 위기의 순간이나 아주 극적인 순간에 선수들이 최고 기량을 발휘해 골을 넣어주길 바란다. 하지만 이때 골을 넣지 못하더라도 슬럼프가 아니라 초크일 뿐이다. 다시 말해 선수의 실력이 저조한 것이 아니라, 상대 팀이 강력한 집중력을 발휘해 수비하고 골을 방해했기 때문에 골을 넣지 못한 것뿐이다.

그런데 이러한 순간에 골을 넣지 못한 것을 자신의 부족한 실력 탓으로 돌리며 부담감을 키우고 스스로를 슬럼프 상태로 몰고 가는 선수들이 있다. 그들은 초크와 슬럼프를 구분하지 못해 어이없게 슬럼프에 빠지게 되는 것이다.

수능시험 때 평소 실력보다 좋지 않은 점수를 받은 학생들 가운데 꽤 많은 학생이 학교나 학원에서 모의고사를 치를 때만큼 떨릴 줄 알았는데 당황스러울 정도로 떨리니 '아, 어떡해 생각이 안 나네. 아는 것도 못 풀고 이번 시험 망했네' 하면서 자기 자신을 슬럼프로 몰고 간다. 앞의 선수들과 같은 과정을 거치는 것이다.

이럴 때는 '평소보다 더 불안하고 긴장될 수 있으니 아는 것이라도 실수하지 말고 잘 풀자'라며 자기 앞에 놓인 상황을 있는 그대로 받아들이는 것이 좋다. 그래야 지나친 부담감을 덜 수 있고 나아가 더 좋은 결과를 얻을 수 있다.

불안과 공포가 만든 괴물

두려움의 실체부터 파악하라

타고난 자질과 성실성을 갖춘 야구선수 동진 씨. 그의 성공을 의심하는 사람은 아무도 없었다. 그런데 동진 씨는 경기장에만 나가면 자신감이 사라진다. 상대 팀에 질 것 같다는 부정적인 생각에 함몰되는 것이 문제였다. 주변 사람들은 그에게 "자신감을 가져라" "긍정적인 생각을 해라" "아무 생각하지 말고 타석에 들어서라" 등등 많은 격려와 충고를 해줬다.

이런 동진 씨에게 나는 격려와 충고보다는 자신의 감정과 생각을 분리할 것을 주문했다. 운동할 때 엘리트 선수들이 가장 잘하는 것 중 하나가 자기 생각에 감정을 붙였다

떼었다 하는 것이다.

동진 씨는 타석에서 삼진을 당했을 때 자책하고 괴로워하며, 팬들의 비난을 감당해야 한다는 걱정과 이것이 연봉 협상에 미칠 영향 등 꼬리에 꼬리를 무는 생각을 다음 타석으로까지 끌고 들어가고 있었다. 그러나 엘리트 선수들은 냉정하게 그런 감정과 생각을 떼어놓을 줄 안다.

감정을 생각과 분리시키는 것은 사실 굉장히 힘든 일이다. 일반인들도 감정 조절이 쉽지 않은데 팽팽한 긴장감 속에서 승부를 겨뤄야 하는 선수들은 오죽하겠는가. 오직 성적으로만 평가를 받는 선수들은 경기 때마다 이런저런 생각이 많을 수밖에 없다.

나는 동진 씨에게 '감정의 오물'을 그라운드까지 계속 끌고 가지 말라고 조언했다. 대신 나와의 면담 시간에 힘들었던 감정들을 모두 털어놓으라고 했다. 삼진을 당했을 때의 당혹스러움과 이후의 걱정과 두려움을 모두 털어놓게 함으로써 감정과 생각을 조금씩 분리하는 연습을 하도록 했다.

의학적으로 두려움을 '공포'라고 표현한다. 대부분의 두려움은 특정 대상이나 상황에 직면했을 때 괴물처럼 나타난다. 그런데 두려움은 일어난 사건의 크기와 상관없이 공포심을 키운다는 특징이 있다. 두려움은 사람을 작게 만든다. 당연히 자신감을 갖는 데 방해가 된다.

자신감을 가지려면 두려움의 실체를 분석해야 한다. 실상을 알고 보면 두려움은 사기꾼과 같은 존재다. 대개 실제보다 훨씬 왜곡되어 있다. 충분히 난관을 극복할 수 있음에도, 스스로 그것을 방해하는 괴물을 만들어 머릿속에 앉혀 놓는 경우가 많다.

자신을 괴롭히는 두려움이나 공포심이 실재하는 것인지 아니면 왜곡이 만들어낸 괴물인지를 구분할 수 있어야 공포에서 벗어날 수 있다. 미국의 전 대통령 프랭클린 루스벨트의 말을 빌리자면 "우리가 두려워할 것은 두려움 그 자체"다. 즉 두려움은 공포심을 느끼게 만든 사실이 아니라 감정의 집착이 키운 것이다. 두려움은 감정이 키운 괴물이다. 집채만 한 공포도 알고 보면 별것 아닐 수 있다.

자기신뢰 키우기

두려움이 밀려오는데도 '나는 두렵지 않아' 하면서 피하는 사람들이 종종 있다. 이와 같은 자기 감정의 회피는 무의식 속에 들어 있다가 어느 날 갑자기 더 큰 두려움으로 나타난다. 선수들의 경우, 안타를 쳐야겠다고 마음먹은 순간에 두려움이 나타날 수도 있고, 실수를 하지 말아야겠다고 다짐하는 순간에 나타날 수도 있다.

나는 두려움에 시달리는 사람들에게 그 감정과 당당하게 대결해보라고 말한다. 안타를 쳐야 하는 순간 두려움이 출몰하면 그 감정을 충분히 받아들이고 공을 칠 때 두려움도 함께 쳐보라고 한다.

한번 상상해보라. 투수인 내 앞에 시즌 홈런 40개를 치는 타자가 서 있다고 가정해보자. 두려운가? 내 직구는 최고 구속 137킬로미터에 불과하다. 한가운데로 던지면 상대가 홈런을 칠 것 같은 두려움이 밀려온다. 잠깐, 이건 두려움이 아니라, 현실에 대한 냉철한 분석이다.

자신의 느린 공으로는 던질 곳이 없는가? 그렇게 생각한다면 당신은 두려움 앞에서 도망치고 싶은 사람이다. 그러나 '바깥쪽 공 세 개를 던지고, 마지막에 몸 쪽으로 커브볼을 던져 승부를 가리겠다'고 생각한다면 당신은 두려움을 향한 정면 대결을 시작한 사람이다.

진료실에서 많은 사람과 마주하면서 나는 두려움이라는 괴물을 몰아내기 위해서는 '자기신뢰'가 있어야 한다는 사실을 깨달았다. 실제로 그라운드에서 경기를 펼치는 선수들의 경기 능력에는 자기신뢰가 상당한 영향을 끼친다.

그렇다면 자기신뢰는 어떻게 생기는 것일까. 우선 자기신뢰는 두 가지로 나누어서 생각해볼 수 있다. 하나는 긍정적인 결과가 나올 거라는 무조건적 믿음이다. 다른 하나는 자신이 원하는 대로 몸이 움직이게끔 하겠다는 각오다. 축구 선수를 예로 들면 '나는 이번 경기에서 골을 넣을 것이다'라는 생각이 전자의 자기신뢰이고, '공을 왼쪽으로 강하게 차야지'라는 생각이 후자의 자기신뢰다. 전자의 경우 그 선수는 이미 '결과'에 가 있는 것이고, 후자의 경우에는 '과정'에 집중하고 있는 것이다.

대부분의 선수들은 전자의 경우를 원한다. 공을 차는 과정이 어떻든 골만 넣으면 되기 때문이다. 하지만 전자의 확률은 희박하다. 한 경기에서 10~20회 슈팅을 해도 겨우 한 골 정도 들어간다. 확률이 떨어지는 쪽으로 자기신뢰를 갖는 것은 공수표를 날리는 일과 같다.

그럼에도 불구하고 선수들이 전자를 원하는 이유는 순간적으로 불안이 줄어드는 '가짜' 위안을 얻을 수 있기 때문이다. 중간에 고되고 떨리는 과정 없이 '나'는 결과에 가 있다. 이미 승리의 주역이 되어 있으니 마음이 얼마나 편해지겠는가. 하지만 현실은 아직 경기 시작도 안 했다. 그러니 더 불안하고 떨리게 된다.

반면에 후자의 자기신뢰는 확률이 높다. '공을 왼쪽으로 차야지'라고 생각하면 실제로 왼쪽으로 공을 찰 확률이 높아진다. 당연히 한번에 골을 성공시킬 확률은 낮지만, 골을 넣을 수 있는 기술을 구체적으로 쓰고 있기 때문에 전자의 경우보다 확률이 높다. 그래서 나는 선수들에게 후자의 자기신뢰를 가지라고 조언한다. 실현 가능성이 높은 쪽을 선택하면 자기신뢰는 저절로 쌓이게 된다.

일반인의 경우는 어떨까? 직장생활을 하다 보면 큰 프로젝트를 맡는 경우가 종종 있다. 김 과장은 3,000억짜리 프로젝트의 프레젠테이션 책임자가 된 후 우울과 불안에 시달리고 있다. 이 프로젝트의 경쟁률은 10 대 1이다. 아직 프로젝트의 경쟁 프레젠테이션은 제대로 시작되지도 않았는데, 그는 잘못되면 그 결과를 오롯이 자신이 감당해야 한다는 부담감으로 잠도 못 자고 먹지도 못 한다.

김 과장 역시 과정보다는 결과에 이미 가 있다. 프레젠테이션 결과는 선정 혹은 탈락이지만, 10퍼센트라는 낮은 선정 확률에 신경 쓰기 때문에 탈락이라는 결과에 머물게 되는 것이다. 프로젝트의 규모가 커지면 커질수록, 선정될 확률이 적으면 적을수록, 사람들은 무의식적으로 부정적 결과에 미리 가 있다. 부정적 결과를 미리 예측하고 준비(회피 혹은 도망)하려는 것은 사실 인간의 본능이다. 그래서 의식적으로 과정에만 집중하려는 노력이 필요하다.

예기불안과 준비성

"심장이 뛸 때마다 가슴이 터질 것 같아요."

"점점 숨 쉬기가 힘들어 그대로 숨이 멈춰버릴 것만 같아요."

"말로 설명하기 어렵지만 제 안에서 아주 좋지 않은 기운이 느껴지면서 뭔가 크게 잘못될 거라는 공포에 휩싸이게 돼요."

곧 죽을 것 같은 표정을 하고 진료실에 찾아와 도움을 청하는 사람들이 있다. 바로 '공황장애'를 겪는 사람들이다. 한번 공황장애를 경험한 사람은 또다시 같은 증상을 경험하게 될까 봐 무척 두려워한다.

정신의학에서는 이를 '예기불안anticipatory anxiety'이라 한다. 이런 감정 상태에 빠진 사람들은 아주 미세한 심장박동이나 두근거림에 의해, 심지어는 아무런 자극도 없는 상황에서 자신에게 닥칠 최악의 상황을 상상하며 불안 속으로 떠밀려간다.

예기불안은 공황발작이나 큰 사고를 겪은 이후 다시 발작이나 사고가 일어나지 않아도, 비논리적 생각이 처음 증상이 발현했을 때와 비슷한 강도의 불안을 경험하게 만드는 것이다. 좋지 않은 경험을 한 뒤 아주 작은 징후나 단서에 의해 다시는 생각하고 싶은 않은 두려운 상황에 똑같이 직면하게 되는 심리 상태다. 마치 극심한 공포를 향해 질주하는 '생각의 오류'라는 전차에 올라타 있는 것과 같다. 이 전차는 아주 작은 계기로 작동되어 순식간에 최악의 결과에 이르게 하는 초고속 전차다.

예기불안은 흔히 정신적 외상이라고 불리는 '트라우마'와 구별된다. 트라우마는 폭력, 교통사고, 추락, 지진 등 비교적 큰 사고를 당했을 때 생겨난다. 하지만 누구도 짐작할 수 없을 정도의 공포와 두려움을 느낀다는 점에서 예기불안과 트라우마는 공통된다.

작은 차이로 큰 성과를 놓쳤거나, 한순간의 실수로 주식투자에 실패했거나, 회사에서 밀려났거나, 경제적으로 회생할 수 없게 된 사람들은 극단적인 생각을 하기 쉽다. 그리고 이런 상태가 심해지면 폭력과 과음, 자살 시도까지 하게 된다.

지나친 음주와 폭력적 행동, 폭식 등의 증상을 겪고 있는 한 선수가 상담을 요청한 적이 있다. 올림픽에서 동메달을 딴 이 선수는 비슷한 또래의 금메달리스트들과 비교되며 차별을 받자, 한동안 폭음과 폭식을 일삼으며 방황했다. 비인기 종목 선수인 그는 경제적으로도 힘든 상황이었다. 이제 운동을 조금 알 만한 나이인데 지원의 한계 때문에 조만간 운동을 그만둬야 하는 현실이 이 선수를 파국으로 몰고 갔다. 이제는 대회에 나가도 자신감조차 없어 보였다.

올림픽 출전 선수들은 크게 세 부류로 나뉜다. 기대한 금메달을 딴 선수, 금메달을 기대했는데 못 딴 선수, 전혀 기대하지 않았는데 금메달을 딴 선수가 그들이다. 나머지 선수들은 말 그대로 참가하는 데 의미를 둘 뿐이다. 사람들은 좋은 결과를 낸 선수에게만 스포트라이트를 비춘다. 이러한 분위기에서 선수들은 과정보다 결과를 중시하는 위험에 빠지기 쉽다. 아무리 강인한 정신력을 지닌 국가대표 선수라 해도 금메달을 못 따면 모든 것이 끝이라는 극단적 생각이 부담감으로 작용하는 것이다.

이런 부담감이 패배를 감내할 수 있는 '완충작용'을 넘어서면 예기불안이 나타나 집중력과 수행 능력을 떨어뜨린다. 이런 예기불안은 선수 혼자서 이겨내기 어렵다. 특히 큰 경기가 끝나면 선수들은 장기간 슬럼프를 겪거나 열정의 진공 상태를 경험한다.

불공정한 판정이나 작은 차이로 아쉽게 메달을 놓친 선수들은 예기불안이 더욱 커진다. 안타까움과 억울함이 마음속 깊이 각인되어 조금이라도 비슷한 환경이 조성되면 그때의 상황이 머릿속에서 재현되기 때문이다.

김아랑 선수도 작은 차이로 메달을 놓친 적이 있다. 독일의 한 월드컵 대회에서 처음으로 패자부활전에 출전했을 때 일이다. 마지막 결승점에서 앞사람을 따라 들어갔는데 바로 뒤에 있던 다른 선수가 마지막까지 속도를 붙여 발내밀기를 하며 김 선수보다 먼저 결승점을 통과한 것이다. 김 선수는 당시 경기장에 조금 안일한 마음으로 들어갔다고 한다. "제가 속한 조가 비교적 쉬운 편이기도 했고, 세 명이 올라가는 거여서 다음 라운드에서 쓸 힘도 좀 비축해놓을 겸 자리만 지키자라는 생각이었죠."

얼마나 당황했을까. 김 선수는 당황스럽고 부끄럽기까지 했다고 한다. 상대 선수는 저렇게 끝까지 최선을 다했는데 자신은 여유를 부렸으니 당연한 결과였다고 말하며, 아직도 그 순간을 잊지 못한다고 한다. 그리고 김 선수는 그날 이후 아무리 예선전이라도 끝까지 긴장을 늦추지 않게 되었다.

예기불안과 준비성은 정말 한 끗 차이인데, 결과는 정반대다. 똑같이 미래에 결과가 위험할 것 같고, 안 좋을 것 같아서 걱정하는 것인데, 상반된 결과가 나온다. 그 이유는 '행동'에 있다. 예기불안은 나쁜 결과가 나올 것을 걱정만 하고, 해결할 행동은 하지 않는다. 때론 행동을 하긴 하는데, 해결과 상관없는 엉뚱한 행동을 반복한다. 예컨대 가슴이 뭘까 봐 가슴을 조이는 옷을 두껍게 입는 식이다. 이런 행동은 오히려 가슴을 답답하게 해 진짜로 심박동을 빠르게 한다.

반면 김아랑 선수처럼 준비를 하는 경우도 있다. 다른 선수의 발내밀기가 또 나올 수 있어서 걱정이라면, 경기 전 이를 예측하고 경기 중 다른 선수가 그러기 전에 마지막 피니시 지점 1미터 전방에서 먼저 발내밀기를 한다. 이것이 준비성이다. '예선전이라도 긴장을 늦추지 않는다'라고 단순화시켜 말했지만, 실은 우승을 하기 위한 만반의 준비를 하고 있는 것이다.

트라우마를 떨치려면

"나는 ○○에 트라우마가 있어."

"그 일로 트라우마가 생겼어."

주위에서 한번쯤 들어봤을 것이다. 요즘은 트라우마라는 말을 흔히 사용한다. 교과서적으로 말하자면, 지진이 나서 수십 수백 명의 사람들이 죽거나 다치는 상황 혹은 교통사고가 크게 나서 수십 대의 자동차와 수십 명의 사람들이 다치는 상황을 내가 본 것 정도는 되어야 트라우마라 한다.

그런데 최근 들어 그 트라우마에 대한 정의가 바뀌었

다. 아무리 작은 사건이나 상황이라 하더라도 내가 생각하고 느끼는 인지와 지각을 변형시키고, 왜곡시킬 수 있는 경험을 트라우마라고 한다. 즉, 내가 물속에서 자라에게 크게 한 번 물려서 동그랗고 넓적한 물건인 솥뚜껑만 봐도 자라에게 물렸을 때만큼 놀란다면, 나는 자라 트라우마가 있는 것이다.

김아랑 선수는 평창 올림픽 선발전 두 달 전 얼굴에 큰 부상을 당한 적이 있다. 선발전을 차근차근 준비해가던 중 어느 경기에서 아웃 추월을 하는 순간, 안쪽에서 다른 두 선수가 엉켜 넘어지면서 바깥에 있던 김 선수 쪽으로 밀려나 순식간에 같이 넘어진 것이다. 이때 사고로 눈 바로 밑이 광대뼈가 보일 정도까지 깊게 찢어졌다. 스케이트 날이 조금만 위로 갔으면 눈이 위험했을 터였다. 김 선수는 이후 스케이트 타는 게 무서워졌다고 한다. 다른 선수와의 몸싸움도 피하게 됐다. 아웃 추월을 할 때면 그때의 일이 트라우마처럼 떠올라 망설이게 됐다.

이 일로 김아랑 선수는 자신의 모습과 실력을 지각하는 감각과 생각에 왜곡이 일어났다. 사고로 광대뼈가 보일 정도의 흉측한 상처를 입은 자신의 모습 그리고 다른 선수들의 몸싸움에서 튕겨 나온 자신의 모습을 통해, 평소 자신의 모습인 힘과 유연성이 넘치는 스케이트 선수가 아니라 나약하고 몸싸움에서 매번 지는 다른 모습의 자신을 상상하게 된 것이다.

그런데 김 선수는 열심히 준비한 만큼 이대로 무너질 수 없다고 생각했다. 어떻게든 트라우마를 떨칠 방법을 찾아내려고 했다. 고심 끝에 과거의 자신을 과감히 버리는 방법으로 과거의 트라우마에 매몰되어 있는 자신을 떨쳐버렸다. 즉 인지 왜곡을 새로운 방법으로 교정한 것이다.

"제가 찾은 방법은 바로 제가 선두로 나가 레이스를 끌고 가는 것이었죠. 보통 선수들은 이 선행 작전이 정말 많은 체력을 필요로 해서 후행에서 시작하는데, 제가 두려움을 이길 방법은 그것밖에 없었어요. 그래서 결심을 했죠. 체력을 기르자. 체력을 키워 앞쪽에서 경기를 하자. 그렇게 방법을 찾으며 트라우마를 극복할 수 있었어요."

뒤에서 쫓아가는 일반적인 방법이 아니라, 선두로 레이스를 끌고 나가는 방법으로 바꾼 것이다. 김 선수는 이런 식으로 트라우마를 이겨냈다.

그런데 여기서 중요한 점이 또 하나 있다. 김 선수가 선두로 레이스를 끌고 갈 수 있는 파워와 지구력을 가지고 있었다는 것이다. 김아랑 선수는 체력, 특히 하체 체력을 키우기 위해 인터벌 훈련부터 시작해 각종 점프 훈련, 사이

클 훈련 등을 다른 선수보다 하나라도 더 하려고 노력했다. 선두에 서서 끄는 연습도 많이 했다. 이는 바람의 저항 때문에 뒷 선수보다 체력이 두세 배는 더 필요하다. 힘들어서 더 이상 움직이지 않는 다리를 붙잡고 피니시 라인에 들어오는 날도 많았다고 한다. 만약 체력을 기르려는 노력을 하지 않았거나 그런 굳은 마음이 없었다면, 이처럼 트라우마에서 빠져나와 다시 스케이트 대회에 출전하기란 쉽지 않았을 것이다.

자기학대를 하는 사람들

괴롭고 힘들 때 일반적인 반응은 포기하고 관두는 것이다. 요즘은 이에 더하여 자신에게 벌을 주는 경우도 있다. 스스로를 '못난 놈, 부족한 놈'이라 생각하며 '그래서 너는 아파야 해, 욕 먹어야 해' 하는 것이다. 이는 스스로에게 신체적인 해를 가하는 행위로까지 나타난다. 이렇게 자기 자신에게 신체적 해를 가해 정신적 고통을 물리적 고통으로 전환하거나 감정을 조절하는 시도를 자해라 한다.

자해는 주로 청소년 사이에서 많이 나타나는데, 이들은 강렬한 감정을 조절할 때, 자해 말고는 다른 방법이 없다고 말한다. 너무 불안하거나 슬프거나 화가 날 때, 일단 자해를 하고 나면 안도감이 든다는 것이다. 차라리 팔이 따갑거나 허벅지가 아플 때, 마음의 고통을 잠시 잊는다고 한다.

이렇게 시작된 자해 행동이 더 나아가서 자신의 감정을 표현하는 수단이 되는 사람도 있다. 자신의 내면이 지금 심히 괴로운데, 그 괴로움을 말로 표현하는 것이 서투니 자해를 통해 '이렇게 피 흘릴 정도로 나는 괴롭다' 하는 무언의 신호를 보낸다. 그러면서 그렇게라도 괴로운 감정을 표현하면, 전혀 통제되지 않던 감정을 어느 정도는 표현했다는 통제감을 얻는다. 그러니 조금의 감정적 불편함만 있어도 감정 조절의 실패, 감정의 표현, 통제감 등의 목적으로 자해 행위를 점점 자주 하게 되는 것이다. 이외에 자신의 낮은 자존감, 죄책감, 부정적인 자기 인식과 관련되어 자해는 자신을 벌주기 위한 자기 처벌의 방법으로 사용되기도 한다.

이런 자기 처벌적 자해의 일종으로 자기학대가 있다. 자기학대는 기대하던 자기 자신에게 실망을 느낄 때 자기 처벌의 마음과 동반되어 자주 나타난다. 이때 '자신이 해낼 수 없는 이유'를 찾는 데 골몰하게 되면 자신을 학대하게 된다.

보통 '학대'라고 하면 물리적·정서적 폭력으로 한정하기 쉽지만, 자신이 충분히 사랑받을 수 있고 행복할 수 있는 존재임에도 스스로 그 기회를 포기하는 것 또한 학대에 해당한다. 자기학대를 하는 사람들은 자존감이나 만족감을 느낄 기회가 찾아와도 다른 사람에게 그 기회를 양보한다. 그런 선택이 당장 관심을 받고 부담감을 갖는 것보다 더 안정적이라고 생각하기 때문이다.

상담을 하다 보면 자기 자신에 대한 믿음을 자만이나 공상이라 생각하는 선수들을 자주 접하게 된다. 왜 그렇게 생각하느냐고 물으면 "너무 큰 꿈이나 큰 믿음을 갖고 있다가 나중에 실망하게 될까 봐 두려워서"라고 말한다. 나중에 실망하기보다는 처음부터 아예 기준을 낮춰 실행 가능한 것만 생각하고 거기에 만족한다는 것이다.

"저는 용의 꼬리도 싫고, 뱀의 머리도 되고 싶지 않아요. 세상에는 뱀의 몸통이나 꼬리도 필요하지 않겠어요? 전 그렇게 살고 싶어요."

자신의 임계점을 '뱀의 꼬리'에 둔 한 선수가 이렇게 말했다. 내게는 이 말이 성장 자체를 포기하겠다는 뜻으로 들렸다. 실제로 이 선수처럼 "나는 아직 2군에 있으니까" 혹은 "나는 아직 신인이니까" 하면서 현실에 안주하는 선수들이 의외로 많다. 충분한 자질을 갖추고 있음에도 불구하고 자신을 낮추고 주어진 기회를 다른 선수에게 양보하는 선수도 많다. 이들은 당장의 심리적 안정을 위해 스스로를 평가절하하고 있는 것이다.

불안할 때 잊지 말아야 할 것

"떨지만 않았다면 수능 점수를 몇십 점은 더 받았을 텐데" "긴장하지 않았다면 면접 시험에서 떨어지지 않았을 텐데" 하면서 안타까워하는 사람들이 많다.

불안은 누구에게나 있는 감정이다. 불안을 조절하기 위한 첫 단계는 '받아들임'이다. 스스로 불안해한다는 사실을 받아들여야 자신이 처한 상황을 정확하게 판단할 수 있다. 중요한 경쟁 프레젠테이션을 앞두고 있다고 가정해보자. 20 대 1의 경쟁률을 보이는 프레젠테이션에서 긴장되지 않는다면 그 사람이 오히려 이상한 것이다. 경쟁률이 4 대 1인 프레젠테이션에 임할 때보다 5배는 더 부담될 것이다.

그런데 경쟁률이 20 대 1이든 혹은 4 대 1이든 똑같은 수준으로 긴장된다면 문제가 있다. 이런 사람은 해당 경쟁 프레젠테이션에 임할 능력이 부족한 사람일 가능성이 높다. 운 좋게 프레젠테이션에서 이기더라도 프로젝트 진행이 부담스러울 것이다. 무의식은 자신의 실력 부족을 알고 있으니 불안이 더 커진다.

그럼에도 불구하고 20 대 1의 경쟁률을 보이는 프레젠테이션에서 좋은 결과를 얻고 싶다면, 떨어질지도 모른다는 생각은 금물이다. 결과에 대한 고민보다는 자신이나 자신이 속한 조직의 능력을 짧은 시간 동안 얼마나 잘 보여줄 것인가에 초점을 맞추고 최대한 집중하는 데 힘을 쏟아야 한다.

2장

결국 해내는 사람들의 비밀

뿌리가 단단한 사람들

정체성부터 파악하라

당신은 어떤 사람인가? 내가 운동선수에게 "당신은 어떤 선수이지요?"라고 물으면 대부분 당황하거나 긴장한다. 이 질문에 대한 선수들의 반응은 몇 가지 유형으로 분류할 수 있다.

많은 선수가 "뭘 물으시는 거죠?" 하고 반문한다. 이런 유형의 선수들은 무난하게 프로에 적응을 하지만 슬럼프에 빠졌을 때 해결 방법을 제대로 찾지 못하는 경우가 많다. 이유는 '주관적 핵심'이 파악되지 않기 때문이다. 주관적 핵심이란 어떤 상황에서든 자기가 주변 분위기를 파악하고 거기서 가장 핵심적인 말을 하는 것을 의미한다. 즉 내가 "당신은 어떤 선수죠?"라고 물으면 둘이서 이야기할 때, 그 분위기에서 가장 적절한 답을 선택해서 말하는 것이다. 그것이 맞든 틀리든 일단 답을 해보고 반응을 본 다음 다시 판단하거나 답을 이어나간다.

그래서 틀린 답이라도 자기 논리가 명확한 선수들은 슬럼프 상태에서 쉽게 빠져나온다. 자신의 생각이 어떤 부분에서 잘못되었는지 정확히 파악하기 때문이다. 그러나 제대로 된 논리가 부족한 선수들은 자신의 생각이 어디서부터 잘못되었는지 파악하기 힘들기 때문에 슬펌프에 빠져 오랜 시간 허우적거리게 된다.

두 번째 유형은 "저는 오래 운동을 하고 싶고 사람들에게도 널리 알려지고 싶어요"라고 답하는 선수들이다. 이들은 선수생활에 대한 고민보다 선수가 되어 누리는 인기에 더 많은 관심을 갖고 있다. 나는 이런 선수들에게 스타 선수가 되기 위해 견뎌야 할 어려움과 고통에 대해 자주 얘기해 준다. 막연한 동경만으로는 힘겹고 외로운 선수생활을 극복하지 못하기 때문이다.

세 번째 유형은 다소 당돌한 선수들이다. 이들은 "저는 A급 선수입니다"라고 당당하게 말한다. 하지만 구체적으로 "왜 당신이 A급인가요?"라고 물으면 그 이유를 제대로 설명하지 못한다. 이들은 자신감에 넘치다가도 한순간 쉽게 좌절하는 특징을 보인다. 반대로 신인 드래프트에서 1위에 뽑혔으면서도 "저는 C급 선수인데요"라고 말하는 선수들도 있다. 그러나 이들 가운데 자신을 정말로 C급 선수로 생각하는 선수는 드물다. 오히려 이들은 자신을 A급 선수라고 답변한 선수들보다 자만심을 더 교묘히 감추고 있다.

마지막 유형은 "저는 홈런 타자인데요" 혹은 "저는 빠른 선수인데요"라고 답변하는 선수들이다. 이들은 자신의 장단점을 구체적으로 설명할 줄 안다. 이처럼 자신의 정체성을 명확하게 파악하고 있는 선수들은 문제가 생겼을 때 쉽고 빠르게 해결해나간다.

나는 운동선수들과 상담할 때 대부분의 시간을 선수들의 정체성을 찾아주는 데 할애한다. 연습을 할 때든 경기를 치를 때든 자신의 정체성, 즉 "나는 어떤 선수인가"에 대한 답을 먼저 할 수 있어야 제 기량을 발휘할 수 있기 때문이다.

자신의 정체성을 분명히 의식하고 있는 선수는 외부 변수가 발생하거나 부정적인 피드백을 받아도 경기에 지장을 줄 정도로 중심이 흔들리지는 않는다. 하지만 그렇지 못한 선수는 사소한 루머에도 쉽게 무너진다. 정체성은 무의식으로 '무너지지 말아야 할 이유'를 제공할 만큼 심리적 장벽 내지는 뿌리와 같은 역할을 해낸다.

선수가 아닌 일반인은 어떨까? 자기 자신에 대한 정체성은 특히 청소년기에 왕성하게 형성된다. 아이돌 가수를 좋아하는 등 자신이 좋아하는 것은 강렬하게 사랑하고, 싫어하는 것은 혐오하는 긍정·부정의 시그널 또한 명확하다. 표현 방법을 몰라 방문을 닫고 부모와 이야기하지 않기도 하지만, 성인이 되면서 자기를 표현하는 데 좀 더 능숙해진다. 성인이 되면, 학창 시절 학업 성적이나 자신이 속한 조직의 평판, 사회적 인정 여부 등으로 자신을 정의하게 된다.

역할갈등과 정체성

현대 사회는 한 사람에게 너무 많은 역할을 주문한다. 당연하다는 듯 다양한 역할을 요구하는 사회에서 우리는 어떻게 대처해야 할지 몰라 난감하고 불안할 때가 많다. 이를 사회학 용어로 '역할갈등 role conflict'이라 한다. 역할갈등이란 개인이 다수에게 상반된 역할을 요구받았을 때 겪는 혼란을 의미한다.

한 청소년 축구 국가대표 출신의 유망한 공격수도 이 덫에 걸려 힘들어 하다 나를 찾아왔다. 공격에 집중하지 못하고 수비까지 신경 써야 했던 이 선수는, 공격이 실패했을 때 또 다른 공격으로 실패를 만회하려 하기보다는 수비를 통해 책임을 회피하려 했다. 나는 면담을 통해 지속적으로 그에게 공격수의 역할을 강조했다. 그것은 너무나도 당연한 충고였다. 공격수는 공격할 때 자신의 정체성이 가장 잘 드러나고 힘을 발휘할 수 있기 때문이다.

아마추어에서 프로에 막 입문한 선수들을 보면 자신이 보여줄 수 있는 능력을 전부 보여주고 싶어 한다. 공격수라면 공격을 통해 자신의 실력을 보여주는 것이 가장 자연스러운 일인데도 때로 그것만으로는 부족하다고 생각한다. 감독한테 잘 보이기 위해 또 다른 실력을 보여줘야 한다는 선수들의 강박은 자신감이 떨어지는 상황에서 자주 나타나는 심리 상태다.

"배팅은 타이밍이고, 피칭은 그 타이밍을 흩뜨려놓는 것이다." 메이저리그에서 역대 최다승을 기록한 좌완 투수 위런 스판이 남긴 이 말을 나는 매우 좋아한다. 자신의 역할을 정확하게 꿰뚫는 말이기 때문이다. 자신의 일에 대해 명쾌하게 정의를 내릴 수 있는 사람은 그리 많지 않다.

정신분석학자 에릭 에릭슨Erik Erikson은 정체성에 대해 자신의 자신됨과 독특함에 대한 자각적 의식, 인생의 지속성에 대한 무의식적 욕구 그리고 사회와 집단의 영향 속에서 뿌리내리고 환경의 도전을 극복하는 데서 오는 자신감 등이 포함된 '다차원적 개념'[4]이라 정의했다. 즉 정체성은 자신이 이루고 싶은 목표, 원하는 인생을 살 수 있는 원초적 에너지를 제공하는 정서적 모체다. 이런 에너지야말로 우리가 분초 단위로 변하는 사회에 기민하게 적응하기 위해 필요한 최적의 가치가 아닐까.

실수가 두려울 때

지나친 걱정은 실패에 대한 리허설일 뿐

시합 전날 잠을 이루지 못하고 걱정하며 보내는 선수들은 대체로 성적이 좋지 못하다. 이렇게 시합이나 시험 등을 앞두고 불안과 초조함을 느끼는 심리 상태를 두고 수행 불안performance anxiety이라 한다. 이들은 '내일 내가 연습한 것을 다 보여주지 못하면 어떻게 하지?' '세 개의 기본 동작에서 하나라도 실수를 하면 금메달은 물 건너갈 텐데' 하면서 불안해한다. 이런 선수들은 꼭 실수를 한다.

시합 전날 밤에 이렇게 저렇게 실수할지도 모른다는 구체적인 걱정을 하는 행위는 이를테면 실패에 대한 리허설을 하는 것이나 마찬가지다. 실패에 주문을 거는 행위와 다를 바가 없다.

실수할까 봐 걱정하는 대신 이렇게 생각해보면 어떨까? 스케이트선수가 내일 경기를 앞두고 빙판에서 미끄러질까 봐 걱정이라고 해보자. 실제로 빙상에서는 많은 선수들이 이를 걱정해 속설인 줄 알면서도 바나나, 달걀 프라이, 미역국 같은 미끄러운 음식을 먹지 않는다고 한다. 이럴 때 김아랑 선수는 이렇게 생각한다. "달리 생각해 미끄러져서 빨리 달리면 좋은 거 아닌가요. 우리 빙상선수들은 결국 얼음판에서 미끄러져야 하는데 말이에요. 하나하나 부정적인 의미를 부여하면 스트레스가 될 수도 있지만, 오히려 생각을 전환하면 뭔가 더 잘 풀릴 요소로 여길 수도 있어요."

또 하나, 선수들이 중요한 시합을 앞두고 가장 많이 하는 말 가운데 하나가 '진인사대천명盡人事待天命'이다. 오직 금메달만을 바라보고 달려온 선수가 결승전을 앞두고 있을 때 자주 떠올리는 말이기도 하다. 실제로 결승전 전날 밤에 이 구절을 마음속 깊이 새긴 선수들이 금메달을 따는 경우가 많다고 한다. 지금까지 자신이 해온 노력들이 제대로 발휘가 되기만을 바라고 다른 것들을 하늘에 맡긴 채 시합에 응했던 것이 긴장감을 덜어줬기 때문이다.

어떤 사람은 중요한 일을 앞두고 그 일이 잘될 거라 생각하면 오히려 일을 그르친다며 부정적으로 생각해야 안심이 된다고 말한다. 최악의 상황을 상상하면 최소한 그보다 더 나빠질 수는 없기 때문이다. 그러나 경기 전날 혹은 당일에 자신에게 나쁜 주문을 거는 것은 이런 경우와 다르다.

"저는 늘 시합 전에 '나는 할 수 있다'고 자화훈련을 하는데, 시합이 끝나고 결과가 좋건 나쁘건 똑같이 '나는 할 수 있다'고 생각해요. 좋든 좋지 않든 모든 결과를 받아들이려고 노력하는 거죠. 결과가 나빴더라도 다음이라는 기회가 있으니까요. 대신 경기를 복기하며 부족했던 부분을 찾으려고 하죠." 김아랑 선수의 말처럼 최선을 다했는데도 결과가 나쁘다면 거기까지 받아들이고 그다음을 생각해야 한다.

스스로 최선을 다했는데도 금메달을 따지 못했다면 아직 실력이 부족함을 받아들이는 자세도 필요하다. 이런 태도는 패배자의 자기위안과는 다르다. 물론 우승에는 어느 정도 운이 작용한다. 하지만 그 운이라는 것은 나한테도 작용할 수 있고 다른 선수에게도 작용할 수 있는 것이다. 그런데도 좋은 운만 기대하고 나쁜 운을 배척하는 강박에 빠지면 승리에 대한 부담감이 가중된다.

금메달을 놓치고도 매우 편안한 얼굴로 인터뷰를 하는 선수들이 있다. 이때 우리는 그 선수가 최선을 다했음을 인정하게 된다. 선수 입장에서는 당연히 금메달이 아쉬울 것이다. 그러나 최선을 다한 마음도 금메달 못지않게 소중하다.

'다 잘될 거야'의 함정

대다수의 사람들은 자신이 다른 사람보다 부정적인 사건을 경험할 가능성이 적다고 생각한다. 다른 사람의 불행에는 다 그럴 만한 이유가 있다고 생각하면서 자신에게는 절대 그러한 일이 일어나지 않을 것이라고 믿는다. 이를 심리학 용어로 '낙관 편견optimism bias'이라 한다. 낙관 편견이 강한 사회일수록 불안이 잠재되어 있는 경우가 많다.

"저는 모든 일이 다 잘될 것 같아요. 그냥 모든 게 술술 풀릴 거 같아요."

"지금 하는 일이 잘될 것 같아요. 뭐가 잘못된 건지 알았으니 이전보다는 나아지겠죠."

우리는 둘 중 어떤 사람을 더 긍정적인 사람으로 봐야 할까? 보통 우리는 전자처럼 말하는 사람을 긍정적인 사람이라 말하고, 후자처럼 말하는 사람을 소심하고 수동적인 사람이라 한다. 과연 이러한 판단이 맞는 걸까?

'모든 게 다 잘될 것'이라 생각하는 것이 전적으로 긍정적인 태도는 아니다. 현실에서 상황이 원활하게 진행되지 않을 것이 빤한데도 무조건 잘될 거라 생각하고, 부정적인 결과가 예상되는데도 아무런 대책 없이 대응하는 것은 머리만 눈 속에 파묻은 채 사냥꾼이 못 보고 지나가기를 기다리는 꿩과 다를 바 없다.

부정적인 결과가 예상되는데도 막연한 기대심리만으로 문제를 들여다보는 사람은 긍정적인 사람이 아니라, '소망적 사고wishful thinking'를 하는 사람일 뿐이다. 소망적 사고란 객관적인 데이터나 현실 대신 자신이 소망하는 대로 문제를 들여다보는 사고방식을 말한다. 이런 사고를 하는 사람들은 에고ego, 즉 자아가 희망하는 대로 문제를 인식할 뿐 아무런 대책도 강구하지 않는다. 소망적 사고보다 더 비현실적인 사고는 '마술적 사고magical thinking'라고 한다.

우리 주변에는 소망적 사고나 마술적 사고를 하는 사람들이 의외로 많다. 대표적인 유형이 '조증' 증세를 보이는 사람들이다. 사실 현대인이라면 누구나 조금씩은 정신질환에 노출되어 있다. 내 주변에도 감정 기복이 심하거나 우울의 늪에 빠져 힘들어하는 사람들이 꽤 있다. 매사에 매우 긍정적이지만 일은 잘 못하는 사람들은 조증 상태에 있을 때가 많다.

조증 상태일 때는 지나친 대범함, 자신감 증대, 사고의 비약, 과대망상 그리고 수면욕구의 감소와 같은 변화가 나타난다. 조증 환자들은 기분이 들떠 있을 때는 세상의 모든 일이 자기 뜻대로 될 거라 생각한다. 자신감 증대로 평소 자기 능력의 5배 혹은 10배나 되는 일을 벌이기도 하고, 일에 중독되어 잠자는 시간조차 아까워하기도 한다. 그러나 정작 결과를 보면 별 성과가 없다. 사고의 비약 등으로 결과에 도움이 되지 않는 일을 하기 때문이다. 이것이 현실 인식이나 분석 없는 긍정적 생각들이 빚어낸 결과다.

진짜 긍정적인 사람들의 특징

그렇다면 어떤 사람이 긍정적인 사람일까? 말과 행동이 같은 사람이 긍정적인 사람이다. 우리는 타인에게 "너라면 할 수 있어"라고 쉽게 말하지만 정작 자신의 문제로 들어가면 담배 한 개비 줄이는 일도 어렵다. 대부분의 사람들은 실천 앞에서 한없이 작아진다. 오늘 일을 내일로 미루고 모레로 미룬다. 특히 완벽주의자들이 실천에 약하다. 한 번의 시도로 완벽한 성과를 내야 한다고 생각하기 때문이다.

김아랑 선수가 자주 하는 말 중에 하나가 "뭐 어쩔 수 없지" "어쩌겠어, 받아들여야지" "어쩔 수 없지, 해야지" 같은 말이다. 이는 현실적 수용에 대한 자기 암시다. 한번 주위를 둘러보자. 자신이 정말 원하고 바라던 일이 잘 안 되었을 때, 반응은 크게 두 가지로 나뉜다. "뭐 어쩔 수 없지, 받아들여야지"라고 하는 사람과 "왜 안 되었지?" 하며 꼭 그 이유를 찾아야만 하는 사람이 있다.

그런데 정작 이유를 찾아보면, 정답이 아닌 틀린 답을 찾고서 속상해하고, "누군가 날 방해한 게 틀림없어" 하는 식으로 남을 원망하는 경우가 많다. 이런 자세는 좋지 않다. 일단 결과를 받아들이고 그다음에 원인을 찾아야 정답을 찾을 수 있다. 현실에 있는 정답, 즉 결과를 받아들이지 않고 계속 정답을 찾으려 한다면 현실과 동떨어진 뭔가를 찾게 된다. 이는 정답과 거리만 멀어지게 될 뿐이다.

긍정적인 생각을 가진 사람들은 심리적·물리적으로 여유가 있다. 이들은 상황을 냉정하게 볼 줄 안다. 그리고 자신에게 유리한 상황이라 해도 일단 객관적인 시각으로 보려고 애쓴다. 이들은 무엇을 더 배워야 하는지, 이를 위해서는 무엇을 더 열심히 해야 하는지 제대로 파악한다.

또한 긍정적인 생각을 가진 사람일수록 상대에 대해 칭찬을 잘한다. 긍정적인 운동선수들은 평소 좋지 않은 감정을 가지고 있는 동료라 해도 경기장에서만큼은 칭찬과 응원을 아끼지 않는다. 특히 국가대표를 비롯해 각종 대표 팀에서 많이 활동한 선수일수록 이런 성향이 두드러진다. 내가 동료를 칭찬하면 언젠가는 동료도 나를 칭찬할 거라는 사실을 잘 알고 있는 것이다.

김아랑 선수의 경험이다. "한번은 국가대표 선발전에서 이런 일이 있었어요. '진짜 죽을 것 같다. 내가 이렇게까지 치열하게 살아야 하나… 좀 편하게 살고 싶다'라는 생각이 들었어요. 그런데 대회장에 가보니 저보다 나이 많은 선배가 먼저 나와 있는 거예요. '나도 이렇게 힘든데 저 언니는 나보다 나이가 있으니 더 힘들 텐데도 빨리 나왔네' 이런 생각이 들더라고요. "언니 안 힘들어요?" 물었더니 "힘들지" 이렇게 답하더라고요. 순간 제 입에서 "저 진짜 죽을 만큼 힘든데 언니 보면서 버텨요"라는 말이 나왔어요. 제 마음이 딱 그랬어요. '그래 언니도 하는데, 나도 하자.' 나중에 들으니 그 선배가 제 말을 듣고 자기도 힘이 생겼대요."

국가대표 선발전은 우리가 상상하는 것 이상으로 치열하다. 쇼트트랙의 경우 1차 선발전 후 하루 쉬고 2차 선발전을 하는데, 종목이 많기 때문에 하루에 22경기 이상을 뛰어야 한다. "한 경기 끝나고 정빙하는 동안 10분 내외의 짧은 시간만 쉬기 때문에 스케이트날 정리할 시간도 없을 때가 많아요. 앉지도 못하고 에너지바 하나 먹고 들어가는 경우가 많죠."

여타의 종목과 마찬가지로 김아랑 선수도 어려서부터 심한 경쟁을 겪어왔다. 다 잘 지내고 싶어도 서로를 경쟁 상대로 여기고 경계하다 보니, 아무래도 마음을 터놓기가 쉽지 않을 것이다. 쇼트트랙의 경우 개인전도 있지만 단체전도 있어서, 경쟁 상대였다가 동료였다가 다시 경쟁 상대가 되는 상황이 반복된다.

이런 상황에서 상대를 경쟁 상대로만 보고 무조건 경계하는 것은 좋지 않다. 김아랑 선수는 이렇게 말한다. "경쟁이라는 게 어떻게 보면 같이 할 누군가가 있다는 거니까 힘이 될 때도 있어요. 혼자 가면 이 길이 맞는지 잘 모르는데, 함께 가면 이 길이 어렵고 힘들지만 또 얼마나 대단한지를 알게 된다고나 할까요." 이런 마음에서 아무리 경쟁 상대에 있는 동료라 할지라도 응원하고 칭찬하는 것이다.

잘못된 낙관론이 강박을 부른다

프로 야구나 축구에는 '2년 차 징크스'라는 말이 있다. 프로 데뷔 첫해에는 탁월한 실력을 보이며 승승장구하던 선수가 다음 해에는 제대로 실력 발휘를 못하는 경우를 일컫는 말이다. 이런 경우 팬이나 코치는 선수가 자만에 빠져 연습을 안 하고 정신력이 해이해졌다고 비난하기도 한다. 하지만 실상은 그 반대인 경우가 많다.

첫해에 신인왕 상을 받거나 그에 근접한 기량을 선보인 선수들은 다음 해에 더 잘하기 위해 욕심을 낸다. 그러나 1년간 쓸 수 있는 에너지에는 한계가 있기 마련이다. 시즌이 끝나면 육체적·정신적 스트레스에서 벗어나 휴식을 취해야 한다. 하지만 신인 선수들은 그렇지 못한 경우가 많다. 첫해보다 더 잘해야 하고 더 좋은 기록을 보여줘야 한다는 강박 때문에 휴식 없이 연습을 택한다. '첫해에는 이 정도 했으니 올해는 두 배로 노력하면 더 좋은 성적을 낼 수 있을 거야'라는 낙관론에 빠져서 말이다. 하지만 과도한 연습은 체력을 고갈시켜 오히려 좋은 성적을 내는 데 방해가 된다.

낙관론에 빠져 있는 선수들은 항상 최고가 되어야 한다는 강박에 사로잡혀 있다. 엘리트 선수들은 다르다. 이들은 자신이 완벽하다고 생각하고 운동하기 전에 집중을 위한 자기만의 시간을 갖는다. 주변 정리나 경기 리허설 등으로 긴장을 푸는 것이다. 스포츠 세계에서 0.1퍼센트의 집중력은 선수의 기량을 결정짓는 바로미터가 된다.

인간의 뇌는 미리 계산된 단서cue로 주어진 일을 빠르게 처리한다. 때로 단서가 주어진 일을 처리하기 위해 별도의 길을 예비하기도 한다. 여기서 단서란 시작점을 의미한다. 달리기할 때를 생각해보자. 보통 달리기를 할 때는 허리를 숙이고, 오른손은 배 높이로 올리고, 왼손은 엉덩이 아래로 내리는 동작을 취한다. 이 동작이 바로 달리기의 시작점이다. 그다음엔 다리를 움직여야 한다고 지각하기도 전에 몸이 이미 결승점을 향해 질주한다. 팔을 올리는 준비 동작 하나가 전체 몸동작을 이끄는 것이다.

이런 버릇이 몸에 배어 있는 선수는 자신이 원하는 행동을 재빨리 취해 실력을 쌓고 엘리트 선수가 된다. 일상생활에서도 마찬가지다. 미리 계획하고 그 계획에 따라 행동하기 위해서는 정리와 정돈 그리고 경기를 치르는 자기만의 의식이 필요하다. 이러한 의식이 본경기의 성과를 높이는 지렛대가 되어주기 때문이다.

긴장과 초조를 이기는 법

피겨 여왕 김연아, 마린보이 박태환, 끝판왕 오승환의 공통점은 이른바 강한 멘탈을 가졌다는 것이다. 김연아는 동갑내기 아사다 마오와의 숙명의 라이벌전을 펼치며 2010년 밴쿠버 동계올림픽에서 역대 최고 점수로 금메달을 땄다. 박태환은 2008년 베이징 올림픽에서 쟁쟁한 라이벌을 세 명이나 제치고 동양인 최초로 400미터 수영에서 금메달을 따냈다. 최고 마무리 투수였던 오승환은 1년간의 부상 공백을 딛고 동양 최다 세이브 왕으로 등극했다. 이처럼 자신의 한계를 뛰어넘은 선수들은 앞서 설명한 수행 불안에서 빠져나오는 법을 잘 알고 있다.

운동선수들의 강한 멘탈을 학문적으로 설명하면, 수행 불안을 떨치고 놀라운 집중력으로 자신의 기량을 완벽하게 발휘하는 역량이라고 할 수 있다. 강한 멘탈은 '자질'과 '상황'에 따라 좌우되는데, 이는 어느 정도 타고나기도 하고 체계적인 훈련에 의해 만들어지기도 한다는 의미다. 앞에서 언급한 선수들은 자질과 상황 면에서 매우 우수한 멘탈을 가지고 있다.

그렇다면 불안감을 이기고 강한 멘탈을 갖기 위해 우리는 어떠한 노력을 할 수 있을까?

첫째, 일관성 있는 환경이 중요하다. 강한 멘탈은 자신에 대한 믿음과 체계적인 훈련을 통해 길러진다. 관중의 비난과 기대, 언론의 이중적 태도 등 주변 상황에 흔들리지 않는 믿음은 최초로 부모와의 관계에서 만들어진다. 부모가 아이에게 어렸을 때부터 크고 작은 변화에 민감하고 동요하는 모습을 보였다면 아이도 불안감에 쉽게 노출된다.

훌륭한 운동선수 뒤에는 이들을 물심양면으로 지원하는 훌륭한 부모가 있다. 이들은 자녀가 경기에서 좋은 성적을 거두지 못할 때도 변함없는 애정을 보여준다. 그러한 일관된 태도가 컨디션을 유지하는 데 도움이 된다는 사실을 알고 있기 때문이다. 코칭스태프에 대한 신뢰도가 높은 선수일수록 경기 성적이 좋은 것도 같은 이유에서이다. 코칭스태프가 흔들리는 모습을 자주 보인다면 선수는 불안에 휩싸이게 된다.

둘째, 긴장을 받아들여야 한다. 자신이 긴장하고 있다는 사실을 받아들이고 긴장감을 줄일 방법을 찾아야 한다. 긴장감이 지나치면 병이 되지만 가벼운 긴장감은 긍정적으로 작용한다. 심리학술지 〈이모션Emotion〉에 실린 연구 논문에 따르면, 개인이 견딜 만한 수준의 위협은 수행 능력의 조절 기능을 향상시키며 이때 동반되는 불안은 위협을 강화해 집중력 향상에 도움을 준다.[5] 이는 상황 불안state anxiety 심리를 적절히 증가시키면 경쟁 상황에서 수행 능력이 향상된다는 가설을 뒷받침한다.

경기에 출전하는 선수들은 준준결승전과 준결승전 그리고 결승전에 임하는 긴장도가 다를 것이다. 이럴 때 선수는 긴장을 당연하게 받아들이고 자신의 불안 수준에 맞는 적절한 해소책을 갖고 있어야 좋은 성적을 올릴 수 있다.

셋째, 변수에 대비해야 한다. 흔히 변수는 외부 환경에서 오는 경우가 많아 자신의 통제권 밖에 있다고 생각하기 쉽다. 그러나 예측 가능한 변수들은 자신의 힘으로 관리할 수 있어야 한다. 변수에 대한 철저한 준비는 자신에 대한 믿음을 길러준다.

양궁선수들이 소음 속에서 활 쏘는 연습을 하는 것은 상황에 적응하기 위한 훈련이다. 소음이 경기 성적에 상당한 영향을 미치기 때문이다.

강한 멘탈을 갖기 위해 노력하는 일련의 과정은 자신의 강점을 계발하는 일과 일맥상통한다. 《위대한 나의 발견 강점 혁명 Now, Discover Your Strengths》의 저자 마커스 버킹엄은 강점을 한 가지 일을 완벽에 가까울 만큼 일관되게 처리하는 능력으로 정의했다.[6]

어떤 환경에서든 일관된 실력을 보여줄 수 있다는 것은 그 일에 지속적으로 공력을 들였다는 뜻이다. 공을 100번 친 사람이 10번 친 사람과 경기를 펼쳤을 때, 이길 수 있는 확률이 높은 건 당연하다. 하지만 이는 단순한 연습량과 실력 때문이 아니라 공을 100번 친 사람이 자신의 강점을 계발할 기회가 더 많았기 때문이다. 이들은 위기가 닥치면 어떻게 극복해야 하는지에 대한 대안까지 갖고 있다.

예술은 아는 만큼 보이지만, 경기는 아는 만큼 준비하게 된다. 이는 비단 운동선수들에게만 해당되는 얘기가 아니다. 실력 없이 강한 멘탈을 가진 사람은 없다. 강한 멘탈을 가진 사람들의 특징 가운데 하나는 능력을 충분히 발휘할 수 있게 해주는 자기신뢰가 높다는 점이다. 이는 '근거 없는 자신감'과는 구별된다. 강한 멘탈을 가진 선수들은 슬럼프에 빠져도 금세 회복된다. 실수나 오점까지 받아들이는 자기수용self-acceptance의 힘이 크기 때문이다.

부담감이 짓누를 때

평가에 발목 잡힌 사람들

사람들의 뜨거운 관심을 받으며 팀을 이적한 야구선수가 있었다. 그런데 그는 팀을 옮긴 이후 예전의 기량을 보여주지 못했다. 어떤 위기 상황에서도 흔들리지 않고 공을 잘 던지던 투수였는데 새로운 팀에서는 긴장하는 모습이 역력했다. 사람들은 그가 달라진 환경에 적응하지 못한 것을 주된 이유로 꼽았다.

이 선수와 상담을 시작한 것은 그 무렵이었다. 새로운 팀에서 뭔가를 보여줘야 한다는 부담감 때문에 그는 현실 인식을 제대로 못하고 있었다. 그는 현재의 평가보다는 미래의 평가에 관심이 쏠려 있었던 것이다. 새로운 팀은 6개월 뒤,

1년 뒤보다는 지금 당장 그의 실력이 발휘되길 원했다. 하지만 그는 지금까지 해오던 대로만 실력을 보여주면 되는 일을 지나치게 복잡하게 생각하고 있었다.

자신에 대한 미래의 평가에 집착하는 것은 다른 선수들도 마찬가지다. 많은 선수가 지금보다 훨씬 더 나은 미래의 모습을 스스로에게 요구한다. 문제는 그런 집착으로 인해 현재의 모습을 무의식적으로 부정하게 된다는 것이다. 그렇기 때문에 잘하고 있는 지금의 자기 자신을 받아들이고 그 상태를 안정적으로 유지하겠다는 자세가 필요하다. 이것을 우리는 '자신감'이라고 부른다.

어떤 사람들은 자신감을 자만심과 혼동하기도 한다. 그러나 이 둘은 구분해야 한다. 자만심은 지금의 자신은 받아들이지만, 미래의 자신을 발전시키거나 변화시키려 하지 않고 현재만을 유지하려는 마음이다.

타고난 타격 실력을 지닌 타자가 있었다. 그의 눈에는 공이 수박만 하게 보였고 방망이를 휘두르기만 하면 십중팔구 안타가 나왔다. 그런데 다른 팀에서도 탐낼 정도로 엄청난 타격을 자랑하던 그가 언제부터인가 경기장에서 사라져 버렸다. 그에게 무슨 일이 있었던 걸까?

평소 타격 코치를 비롯한 코칭스태프는 그에게 웨이트트

레이닝을 권했다. 여름에 체력이 떨어지면 배트 스피드가 느려질 것을 우려해서였다. 하지만 코칭스태프의 권유에도 자신의 실력에 대한 자만심이 넘쳤던 그는 웨이트트레이닝을 소홀히 했다. 경기가 없는 날은 쉬고 싶은 마음에 갖은 불평과 불만을 늘어놓으며 요리조리 빠져나갔다.

그러다 한여름 무더위가 극성을 부리자 그는 체력이 급격히 떨어지면서 타율도 떨어지기 시작했다. 설상가상으로 시즌 종료를 앞두고 부상까지 입고 말았다. 자만에 빠져 있던 그는 그 후로 경기장에서 볼 수 없게 되었다.

주위 시선과 평가에 자꾸 흔들린다면

자신이 주변 사람들에게 어떤 평가를 받고 있는지 무척 신경 쓰일 때가 있다. 이는 잘하고 있을 때보다는 못하고 있을 때, 실력이 이전만 못할 때 더욱 그렇다. 운동선수들은 경기에서 실수를 하거나 성적이 저조할 때 미디어의 평가에 예민해진다. 보고 싶지 않은 기사를 남몰래 찾아봤다가 마음을 다치는 경우도 종종 있다. 관중의 노골적인 욕설이나 팬들의 따가운 시선을 한몸에 받을 때면 마치 자신이 대역죄인처럼 느껴지기도 한다.

김아랑 선수도 비슷한 경험이 있다. 김 선수는 "사람들이 모두 나를 싫어하는 것 같았고, 마치 내가 못하기를 기다리는 것 같았다"고 한다. 출신 지역 비하 발언부터 '어디 한번 두고 보자'는 말, 성적이 조금이라도 안 좋으면 '그럴 줄 알았다'는 식의 말까지 악플이 많았다. 심지어는 자신이 하지 않은 말, 하지 않은 생각에 대해서까지 넘겨짚고 악플이 달리는 일도 있었다. 김 선수는 이렇게 말했다. "비수가 꽂혔죠. 저 되게 센 척하는데, 정말 상처 많이 받아요."

그렇게 상처를 받으면 '이게 바로 나의 실체구나. 내가 이 정도밖에 안 되는 사람이었어' 하고 좌절하기 쉽다. 이런 부정적인 감정이 오래가면 좋을 리 없으므로 재빨리 빠져나와야 한다.

나는 자신에 대해 부정적 감정이 많은 선수에게 친한 동료나 감독과 대화를 나눠보라고 조언한다. 그들은 굳이 상황을 설명하지 않아도 이 선수가 왜 힘들어하는지, 무슨 일 때문에 속상해하는지 잘 안다. 가족이나 친구와는 나누지 못하는 일에 대한 이야기도 숨김없이 터놓을 수 있다. 그렇게 마음을 털어놓고 나면 그 자체가 위로가 되면서 감정이 정리된다.

김아랑 선수가 악플로 속상해할 때 내가 한 이야기는 '괜찮다' '그 악플은 가짜다' '그럴 이유가 없다'는 식의 위로가 아니었다. 김아랑 선수가 생각하는 본인의 지금 몸상태와 실력 그리고 미래를 준비하고 있는 과정에 대해서 지속적으로 이야기했다. 다른 사람이 평가한 그럴듯하지만 왜곡된 자신의 모습을, 모든 것을 솔직히 알고 있는 자기가 평가하는 자신의 모습으로 바꾼 것이다. 이렇게 관점을 바꿔 객관적인 내가 내 모습을 평가하니까, 내 판단이 중심이 되고 다른 사람의 비난은 부가적인 것이 된다. 그리고 그 부가적인 것에서 어느 정도 타당한 비난은 자기 자신을 피드백하는 시그널 정도로만 사용한 것이다.

그 결과 김 선수는 이제 악플을 많이 의식하지 않게 되었다고 한다. "조금 단단해진 것 같아요. 흔히 말하듯 악플도 관심이잖아요. 이제는 다른 사람들의 부정적인 평가나 시선도 어떻게 보면 관심이고 응원이라고 생각하는 편이에요. 저를 응원하고 기대했는데 좋은 성적을 내지 못했을 때 속상함에서 나오는 표현일 수 있잖아요." 대신 자신이 해야 하는 것, 하고자 하는 것에 집중할 수 있게 되었다.

자신에 대한 부정적 감정이 심하다면 다른 사람의 평가를 지나치게 예민하게 받아들이는 것은 아닌지 생각해볼 필요가 있다. 이런 사람들은 자신이 저지른 잘못이나 실수에 대해서도 지나칠 정도로 과민하게 반응한다.

증권사에서 애널리스트로 일하던 한 친구는 한때 베스

트 애널리스트로 뽑힐 만큼 좋은 실적을 거두며 승승장구했지만, 주가 하락기에 무리하게 투자 리포트를 작성했다가 투자자에게 큰 손실을 입혔다. 한 번의 실패가 치명타가 되었고 그는 1년 가까이 주변 사람들과의 대화도 피하며 은둔생활을 했다. 하지만 이런 폐쇄적인 태도로는 아무것도 해결할 수 없다. 위축될수록 상황은 점점 악화될 뿐이다.

객관적인 자기 점검의 필요성

유명 운동선수들은 동경 혹은 경쟁의 대상으로 끊임없이 관찰되면서 많은 사람의 입에 오르내린다. 누군가에게 관심의 대상이 된다는 것은 불편하고 긴장되는 일이다. 그래서 선수들은 평가에 집착하다 본연의 모습을 잃기도 한다. 그럴 때는 스스로 자기 자신에 대해 평가를 내려보는 것이 좋다. 한 걸음 떨어져 자기 자신을 객관적으로 들여다볼 필요가 있다.

몇몇 유명 메이저리그 선수들은 스포츠 심리 치료사의 도움을 받아 자신을 평가하는 시간을 갖곤 한다. 선수들은 다음 [표1]과 같은 자기 평가 항목에 답하면서 자신을 객관적으로 평가해본다. 좋은 경기를 펼치고 자신을 긍정적으로 바라볼수록 총점이 낮고, 슬럼프에 빠져 있거나 마음의 여

【 표1 】 메이저리그 선수들의 자기 평가표

상황	신경 쓰지 않는다 ⟵⟶ 많이 신경 쓴다						
주심이 판정을 내릴 때	1	2	3	4	5	6	7
코칭스태프가 부당하게 대우할 때	1	2	3	4	5	6	7
교체 선수로 뛸 때	1	2	3	4	5	6	7
부상에서 회복할 때	1	2	3	4	5	6	7
계속 질 때	1	2	3	4	5	6	7
팀 동료가 실수했을 때	1	2	3	4	5	6	7
많은 관중이 지켜볼 때	1	2	3	4	5	6	7
경고 카드를 받았을 때	1	2	3	4	5	6	7
경기에서 교체될 때	1	2	3	4	5	6	7
득점했을 때	1	2	3	4	5	6	7
실점했을 때	1	2	3	4	5	6	7
큰 게임에 나갈 때	1	2	3	4	5	6	7
체력적으로 지쳤을 때	1	2	3	4	5	6	7

유가 없는 상황에서는 총점이 높게 나온다. 이렇게 직접 확인하면서 자기 자신을 점검하면 어떤 항목에서 실력을 보완해야 하는지 구체적으로 알 수 있다.

선수가 아닌 일반인들도 다음 [표2]와 같이 자기 평가 항목을 만들어 스스로 평가해볼 수 있다. 마찬가지로 총점

【 표2 】 직장인의 자기 평가표

상황	신경 쓰지 않는다 ←→ 많이 신경 쓴다						
직장 상사에게 평가받을 때	1	2	3	4	5	6	7
직장 상사가 부당하게 대우할 때	1	2	3	4	5	6	7
계속 일이 안 풀릴 때	1	2	3	4	5	6	7
실수했을 때	1	2	3	4	5	6	7
팀 동료가 실수했을 때	1	2	3	4	5	6	7
직장에서 경고를 받았을 때	1	2	3	4	5	6	7
비난받을 때	1	2	3	4	5	6	7
칭찬받을 때	1	2	3	4	5	6	7
중요한 프레젠테이션 때	1	2	3	4	5	6	7
일이 많을 때	1	2	3	4	5	6	7
다른 동료와 비교될 때	1	2	3	4	5	6	7

에 따라 자신을 긍정적으로 바라보고 있는지 아닌지 객관적으로 알 수 있다.

우리는 '완벽 아니면 무능' '주인공 아니면 들러리'처럼 양극단의 평가에 익숙하다. 완벽한 아버지 vs. 형편없는 아버지, 완벽한 학생 vs. 형편없는 학생, 완벽한 부장 vs. 형편없는 부장. 이런 극단적인 평가가 우리를 숨 막히게 한다. 세상에는 토끼와 거북이만 존재하는 것이 아닌데 사람들은 자꾸만 이분법적 잣대를 들이댄다.

상담을 하다 보면 대다수 사람들이 자기 자신을 평가하는 항목을 한두 개쯤 가지고 있다는 걸 알게 된다. 이때 이 평가 항목을 만족시키지 못하는 사람은 자기비하로 스트레스 질환이나 우울증에 시달리곤 한다. 그런데 이 평가 항목이라는 것이 명확하지 않고 모호한 경우가 많다.

어느 정도 상담이 진행되면 내담자는 자기 자신에게 솔직해진다. 그만큼 마음의 여유가 생겨난 것이다. 그 틈을 놓치지 않고 나는 내담자가 자신이 갈망하는 토끼와 원하지 않는 거북이 사이를 오가면서 자신의 진짜 모습을 발견하도록 도와준다.

있는 그대로의 자기 모습을 본다는 것은 시간과 고통이 수반되는 일이다. 하지만 자신을 제대로 볼 수 있어야 정체성이 흔들리지 않는다. 비난이 목적인 참견에는 대범하게 대처하고 이유 있는 충고에는 귀를 기울여야 한다.

누군가의 비판에 대해 지나치게 예민해지는 사람이 있는가 하면, 자신이 틀렸다는 사실을 인정하는 게 두려워 다른 사람의 진심 어린 충고를 귓등으로 흘려보내는 사람이 있다. 다른 사람의 평가에 과하게 스트레스를 받는 사람이나 남의 이야기를 전혀 듣지 않는 고집불통은 결국 똑같은 사람이다. 정체성을 찾으려면 이런 태도에서 벗어나 자신의 본모습을 바라보고 솔직해져야 한다.

올바른 현실 인식이 중요한 이유

현실 인식은 '지금, 여기'의 문제를 들여다보고 받아들이는 태도에서 시작된다. 나는 현실 인식을 정체성 확립의 핵심이라 믿고 있다. 그래서 선수들과 면담할 때도 현재의 문제를 중요시한다. '과거의 무엇이 지금의 나를 이렇게 만들었다'라는 이야기보다는 '현재 내가 아프다' 혹은 '지금 내가 기쁘다'를 심리 치료의 출발점으로 삼는다.

현실감이 있어야 자아정체성을 확고히 할 수 있다. 이에 대해 정신분석학자 에릭 에릭슨은 중요한 단서를 남겼다. 그에 따르면, 대부분의 사람들은 자신에 대해 '나는 이러이러한 사람이었으면 좋겠다'라는 이상적 자아상을 갖고 있다. 그런데 보통 이상적 자아상은 실재하는 자아상과 괴리가 있기 마련이다. 실재하는 자아상과 이상적 자아상의 괴리가 클수록 우리는 혼란을 겪게 되는데, 에릭슨은 이를 '정체성 혼미identity crisis'라고 정의했다.[7]

우리는 청소년기에 정체성 혼미를 경험하면서 자신의 한계와 실제 능력을 인지해나감으로써 안정적인 정체성을 찾아간다. 하지만 요즘은 청소년기의 이상적 자아상이 그대로 자리한 채 성장하는 사람들이 많다. 이상적 자아상은 과잉된 자의식으로 발전할 뿐만 아니라 자신의 현실과 한계를 인정하지 않게끔 만든다.

이렇게 되면 자신의 현재 상황과 위치에 맞게 미래를 준비하기 어렵다. '난 이렇게 대단한 사람이어야 하는데, 왜 세상은 나를 대접해주지 않는 거지?' '저 스타플레이어 자리에 내가 있어야 하는데 왜 다른 사람이 있지?' 하고 괴로워하며 시간을 허비하게 된다.

비록 벤치 신세라도 B급 팀으로는 이적하지 못하겠다고 버티는 선수들이 간혹 있다. 이들에게는 A급 팀의 유니폼이 이상적 자아상으로 자리 잡고 있기 때문에 절대로 포기할 수 없는 것이다. 이런 선수들은 매사 불안할 수밖에 없다.

올바른 정체성을 갖기 어려운 이유 중 하나가 이상적 자아를 포기해야 하는 힘든 선택이 동반되기 때문이다. 하지만 이런 과정을 이상적 자아를 포기하는 일이 아니라 '획득하는 과정'으로 받아들여야 한다. 당장은 자존심이 상하더라도 경기를 많이 뛸 수 있는 팀으로 옮겨 기량을 쌓은 다음, 다시 A급 팀으로 돌아오는 게 결과적으로 더 좋은 성과를 올릴 수 있는 길이다.

청소년기에 내가 가졌던 의문 중 하나는 '왜 사는가?'였다. 이 질문을 책상 앞에 커다랗게 써 붙여놓고 제법 심각하게 고민했던 적도 있다. 어느 날 누군가 그 종이 귀퉁이에 이런 말을 적어놓았다. "왜 사는지 알기 위해 산다." 똑같은 고민을 했지만 그때까지도 답을 찾지 못한 나의 아버지가 적어놓으셨던 것이다.

그렇다. 삶에 대한 근본적인 질문에 명쾌하게 답을 내놓을 수 있는 사람이 어디 있겠는가. 우리가 알고 있는 수많은 성인군자도 자신의 정체성을 완벽하게 파악하지는 못했을 것이다. 인간은 수없이 질문하고 답을 찾아가는 과정 속에서 자신의 정체성을 조금씩 확인하고 깨닫는 존재일 뿐이다.

열심히 해도
성과가 나지 않는다면

성과와 집중력의 상관관계

"뭔가 일은 잘 저지르는데 마무리가 안 돼요."
"처음 마음먹은 대로 끝까지 가기가 힘들어요."
"중간에 자꾸 딴생각이 들어요."

집중력이 떨어져 고민인 사람들이 자주 하는 말이다. 이 경우 엄밀하게 말하면 한 가지 일에 몰두하지 못하는 것이 아니라, 한번에 여러 가지 일을 하는 다중처리 능력이 부족한 것이다.

또한 집중력은 흥미와도 구별되어야 한다. 집중력이 높은 사람은 좋아하거나 하고 싶은 일, 즉 흥미 있는 일을 하면서도 당장 해야 할 일에 대해 충분히 생각할 줄 안다. 하지만 집중력이 떨어지는 사람은 좋아하는 일에만 빠져 다른 일을 진행하지 못한다.

다른 사람이 보기엔 열심히 하는 것 같지만 그것이 성과로 이어지지 않는다면 집중력 부족일 수 있다. 이런 상황이 지속되면 자신에 대한 신뢰까지 떨어지고 '나는 해도 안 되는 사람'이라며 자책하기 쉽다. 부족한 집중력이 행동을 위축시키는 악순환을 만드는 것이다.

집중력이 성과 창출에 유용한 능력이라는 데는 다들 공감한다. 그런데 집중력을 효율성, 즉 '어떻게 하면 같은 시간 내에 더 많은 일을 할까'에만 초점을 맞추면 한계가 생긴다. 바로 '왜'라는 질문에 봉착하는 것이다. 이 '왜'에 해당하는 것이 바로 목표이다.

스포츠의 세계에서 선수들은 오래전부터 지금보다 더 빠르게, 더 세게, 더 오래, 수행 능력을 끌어올리기 위해 노력해왔다. 그러면서 수행 능력 단 하나만을 올리기 위한 단순 집중력 향상에 초점을 맞추기보다는, 자신의 목표도 생각하고 그 목표가 달성되었을 때 자신에게 오는 이로움이나 이득에 대해서도 생각하기에 이르렀다.

다시 말해 운동에만 집중하는 것이 아니라, 미래나 다음 목표까지 한꺼번에 생각할 수 있는 멀티태스킹의 집중력을 사용하게 된 것이다. 이것이 효율적인 수행 능력으로 의미 있는 결과를 만드는 '효과성'이다. 즉 '보상'과 '결과'가 가미된 수행 능력의 향상을 효과성이라 할 수 있다.

집중력은 보상과도 밀접한 관련이 있다. 집중력이 떨어지는 사람은 보상이 한참 후에 주어지면 견디지를 못한다. 자기가 한 행동에 대해 보상이 즉각 나와야 하던 일을 계속하지, 그렇지 않으면 그 일을 꾸준히 하지 못하는 것이다.

하나의 운동 수행 능력이 완성되려면 기초 작업(체력과 몸 만들기)이 있고, 그 기초 작업 위에 기술을 쌓는 과정이 필요하다. 그런데 집중력이 약한 사람들은 이 기초 작업에서 지쳐버린다. 기술 훈련은 하지도 못한 채, 체력과 몸 만들기에서 포기하고 마는 것이다.

운동을 오래 하는 선수들을 보면 반복되는 기초 작업과 기술 작업을 잘 버틴다. 중간에 부상이라는 변수가 생겨서 기초 작업이 몇 배 더 길어지더라도 결국은 그것을 해내고 만다. 단순히 꾸준성이 높아서만이 아니라, 앞서 이야기한 목표, 이로움, 결과, 지연된 보상 등에 대해서 생각할 수 있는 멀티태스킹의 집중력이 뛰어나기 때문이다.

김아랑 선수를 옆에서 10년 이상 지켜본 나는 김 선수가 이 멀티태스킹의 집중력이 뛰어나다고 생각한다. 부상이라는 변수로 재활을 하고 있지만, 지금의 재활이 다음 올림픽 출전, 나아가 오래 운동을 하고 싶다는 목표에 도움이 된다는 것을 잘 알기 때문에 힘든 재활도 잘 버텨나가고 있는 것이다.

자기효능감 높이기

심리 주치의를 맡고 있는 팀의 전지훈련장에서 메이저리그 장타자였던 켄 그리피 시니어를 만난 적이 있다. 당시 그는 팀과 선수를 관리하는 인스트럭터로 단기간 구단의 위촉을 받은 상태였다. 나는 그에게 "어떻게 그렇게 모든 볼을 잘 칠 수 있었나요?" 하고 물었다. 그리피 시니어의 대답은 의외로 단순했다. 끊임없이 준비를 했다는 것이다.

그는 타격에 막 자신감이 붙고 있을 때, 상대편 투수가 갑자기 못 보던 구질의 공을 던져 당황한 적이 있다고 한다. "요즘은 흔한 슬라이더(빠르게 날아오다가 타자의 왼쪽으로 휘어 들어가는 공)라는 구질이었는데, 처음 맞닥뜨렸을 때는 배트 한 번 휘두르지 못했죠. 그날 밤 잠자리에 들어서까지 슬라이더에 대해 분석하고 또 분석했어요. 그러고 나서 다음 경기 때 같은 투수를 만났는데 두 번의 안타를 쳐냈어요. 공이 휘기 전에 공 앞쪽을 때려버렸죠."

켄 그리피 시니어처럼 어떤 문제를 성공적으로 해결할

수 있다는 자기 신념이나 자신의 능력에 대한 믿음을 '자기효능감 self-efficacy'이라 한다. 자기효능감은 흔히 '자기확신'을 동반한다. 자기확신이란 현재 좋은 결과를 향해 나아가는 과정에 있다는 믿음을 말한다.

무조건 "나는 할 수 있어"라고 외친다고 자기확신이 생기는 것은 아니다. 집중력 있는 연습과 그 연습이 실전에서 성과로 발휘될 때 불멸의 자기효능감이 저절로 따라오게 된다. 실전에서 긍정적인 피드백을 맛본 사람은 그 유익한 경험을 잊지 못한다.

야구를 예로 들어보자. 타자들은 타격 연습을 할 때 셀 수 없이 많은 공을 쳐낸다. 그런데 동일한 훈련을 하는데도 스타 선수와 일반 선수는 결과에서 큰 차이를 보인다.

예를 들어 스타 선수는 피칭 머신에서 공이 나올 때 볼의 회전, 공이 나오는 각도 등을 기억해둔다. 날아오는 공의 회전 패턴을 의식적으로 기억하고 이를 정확하게 때려내는 훈련을 반복하는 것이다. 그러다 보면 공의 변화를 의식하지 않아도 몸이 자동적으로 반응한다.

투수의 손을 떠난 공이 포수 미트(글러브)에 도달하기까지 걸리는 시간은 대략 0.4초다. 타자가 투수의 손끝을 떠난 볼을 인식해 '타격하라'는 지령이 내려지기까지는 0.25초, 스윙은 0.15초가량 소요된다. 날아오는 공을 보고 스윙하기까지 걸리는 전체 시간이 0.4초이므로 머뭇거리다가는 공을 칠 수 있는 물리적인 시간을 놓치게 된다.

이때 집중력으로 훈련된 내재적 기억을 활용하면 구종의 구분이나 볼의 스트라이크존 통과 여부에 대한 고민을 하지 않아도 된다. 볼이 날아오는 순간, 의식적으로 행한 반복 훈련을 통해 다져진 내재적 기억이 몸을 자동으로 움직이도록 해주기 때문이다. 이와 같은 자동 반응은 자기 자신에 대한 신뢰를 높여준다.

스타 선수들을 명불허전에 비유하는 이유는 결정적 순간에 이름값을 해내기 때문이다. 이들은 일반 선수들에 비해 자기효능감이 높다. 극도로 심리적 압박을 받는 순간에도 자기신뢰의 끈을 놓지 않고 제 실력을 보여주는 것이다. 이들은 신체적인 능력과 정신적인 능력 모두를 갖추고 있는 셈이다.

자기효능감이 높은 선수들은 실수를 해서 생긴 불리한 상황도 유리한 상황으로 재빨리 반전시킨다. 이렇듯 한 번 생겨난 자신감은 자동 반응을 더 빠르게 해주고, 빠른 반응은 또다시 자신감을 높여주는 선순환 고리를 만든다.

무의미한 반복은 자기학대일 뿐이다. 내재적 기억을 향상시켜 반복적 훈련을 효과적으로 활용할 수 있는 선순환

고리를 만들어야 한다. 특히 프로 선수라면 이러한 연습을 게을리해서는 안 된다. 시합 중에 상대의 갑작스러운 공격에 난감했다면 그 순간을 기억해뒀다가 대응 기술을 마련해야 한다.

이를 위해서는 메모하는 습관이 필요하다. 노트를 준비해두고 틈틈이 떠오르는 생각을 적어놨다가 필요할 때 펼쳐보면 큰 도움이 된다.

실제로 김아랑 선수는 메모를 많이 한다. 메모에는 자신의 실수도 포함되어 있다. 이를 토대로 연습할 때 구체적으로 목표를 세우고, 실수를 줄이려고 노력한다. 실수가 없을 수는 없다. 다만 같은 실수를 반복한다는 건 그것이 곧 실력이라 생각하고, 실수를 줄이는 것이 결국 실력을 키우는 것이라 여긴다.

예컨대 이번 경기에서 내가 했던 실수가 인코스로 추월당하는 것이었다면, 이를 메모해두고 '인코스를 비워주지 말자' 하는 식이다. "실수를 머릿속으로만 생각하는 것과 메모로 쓰면서 정리하고 기억하는 건 확실히 다른 것 같아요. 저는 제가 쓴 걸 스마트폰 배경화면에 놓고 밥 먹을 때는 물론 수시로 보거든요. 한동안 제가 인코스를 너무 많이 비워줬는데 이 방법을 썼더니 나중에 저도 모르게 몸이 인코스를 막아주더라고요." 이처럼 실수를 메모하는 습관은 비단 운동

선수만이 아닌 일반인에게도 많은 도움이 되는 방법이다.

많은 사람이 조용한 곳에서 한 가지 일에 몰두하기를 바란다. 하지만 운동선수들이 경기를 할 때나 직장인들이 업무를 할 때 조용한 낙원 같은 환경은 주어지지 않는다. 오히려 그 반대의 상황에서 여러 가지 업무를 한꺼번에 수행해야 할 때가 더 많다.

그렇다면 여러 가지 일이 진행되는 분주한 환경에서 성과를 내기 위해서는 어떻게 해야 할까? '시간 트랙'과 '순서 트랙'을 동시에 사용해야 한다. 그래야 이미 걸어놓은 일과 중간에 들어온 일 그리고 마무리 단계의 일이 유기적으로 돌아간다.

더불어 개개인의 신체적 리듬이나 라이프 사이클에 따라 집중력이 높은 시간대가 다르다는 점도 잊지 말자. 최적의 컨디션이 나오는 프라임타임prime time을 잘 파악해두고 부족하거나 중요한 부분을 단련하는 데 이 시간을 할애해야 한다. 성공하는 많은 선수들이 연습 시간을 분명하게 정해두는 것도 이 때문이다. 모든 사람이 하루 24시간을 살지만 그 안에서 핵심 역량을 연마하는 사람은 극소수다. 소위 자기 분야에서 성공한 사람들은 프라임타임만큼은 그 누구에게도 내주지 않는다.

나만의 루틴을 만들어라

미국 프로 농구의 전설적인 스타 마이클 조던은 소속 팀이었던 시카고불스 유니폼 안에 자신의 모교인 노스캐롤라이나대학의 붉은색 유니폼을 입었다. 잉글랜드 프리미어리그 맨체스터시티의 중앙 수비수였던 콜로 투레는 다른 선수들이 모두 경기장에 들어간 후 맨 나중에 들어갔다. 그러면 그날 경기가 잘 풀렸다고 한다.

게임이 풀리지 않을수록 선수들은 비과학적 징크스에 의지한다. 예컨대 골프는 다른 운동보다 변수가 많아 아무리 연습을 많이 한 골퍼라도 그날의 환경에 신경을 쓰게 되고 요행수를 바라게 된다. 요행수를 바라는 순간, 선수들에게 믿음을 주는 건 징크스다. 징크스는 실패를 막고자 마지막으로 만들어낸 요행이다. 첫 우승을 한 후 시즌이 끝날 때까지 같은 양말을 신는다든지, 파 5홀에서는 꼭 빨간색 티셔츠만을 고집한다든지, 어려운 벙커에서는 캐디가 채를 거꾸로 건네줘야 무사히 탈출할 수 있다는 등 자신만의 공식을 만든다. 경기를 많이 하다 보면 이러한 징크스가 힘을 발휘하는 경우도 있다. 이때 징크스는 선수들에게 하나의 종교가 되어버리기도 한다.

스포츠 심리학자들은 징크스에 대한 이런 맹목적인 믿음에 대해 경고한다. 비합리적인 요행수를 바라는 마음이 오히려 선수들을 다치게 할 확률이 높기 때문이다. 우리는 흔히 행운이나 징크스처럼 미신에 의지하며 자신의 실력 이상의 결과를 바라곤 한다. 하지만 기대가 클수록 실패에 대한 두려움도 커지게 마련이고 그만큼 실패 확률도 높아 슬럼프에 빠지게 된다.

무엇보다도 징크스를 변명 삼아 진실을 가리게 되는 것이 가장 큰 문제다. "내가 면도를 했기 때문에 시합에서 진 거야." "경기 중에 바닥의 선만 밟지 않았다면 그런 실수는 하지 않았을 텐데." 애써 변명하지만 이는 진실이 아니다. 좋은 결과를 내지 못한 건 부족한 실력이나 잘못된 집착 때문이다.

징크스와 비슷하지만 좀 더 체계적이고 합리적인 행동으로 '루틴routine'이 있다. 루틴은 특정한 작업을 실행하기 위해 습관적으로 행하는 일련의 과정 일부 혹은 전부를 이른다. 구기운동에서 단지 공을 던지는 행동뿐만 아니라 공을 던지기 이전의 움직임부터 공을 던지는 행동까지를 '수행'이라 정의한다면, 루틴은 운동 효과를 높이는 준비 작업에 해당한다.

이를테면 골프선수가 첫 티샷을 하기 전에 공 뒤로 돌아가 목표를 정하고 드라이버를 꼭 두 번씩 흔들어 손목을 푸는 무의식적 행동을 한다면 이는 루틴이다. 벙커에 들어가기 전 무릎을 굽혀 다리의 힘을 풀기도 하고, 선수들마다 다양한 루틴이 있다. 공 뒤에서 행하는 빈 스윙과 목표 지침(깃대)을 살피는 행위, 깊게 심호흡을 하는 행위 등도 루틴에 해당된다.

루틴은 얼핏 보면 징크스와 비슷해 보이지만 전혀 다르다. 경기나 샷을 안정적으로 진행시켜주는 루틴과 달리 징크스는 경기나 샷을 불규칙하고 불안정하게 만든다. 그래서 스포츠 심리학자들은 선수들에게 경기 중에 불안해지면 루틴을 이용해보라고 권한다. 연습할 때 집중력을 높여주고, 습관화되면 스코어까지 향상시켜주기 때문이다. 시합 전 루틴으로 연습 삼아 빈 스윙을 해보거나 스트레칭을 해볼 수 있다.

루틴은 일관성을 유지하는 것이 핵심이다. 실력의 기복이 심한 선수가 오늘 최고의 기량은 뽐냈어도 크게 의미를 두지 않는 이유는 다음 날이면 최악의 실력을 보일 수 있기 때문이다. 최상의 기량을 끌어내는 루틴이 아직 뿌리 깊게 자리 잡지 못한 탓이다. 진짜 실력 있는 사람은 루틴을 강화해 흔들림 없는 성과를 올린다.

성공하는 사람들의 루틴

성공하는 사람들은 이 루틴을 잘 활용할 줄 안다. 수행을 위한 루틴은 기술, 운동신경 같은 행동적 요인과 자신감, 긍정, 내적 심상internal imagery과 같은 인지적 요인으로 구성된다. 운동선수들은 신체 감각으로 경기를 펼치기 때문에 행동적 요인이 부각되지만 경기 운용에서는 인지적 요인이 중요하다. 인지적 요인은 '자신이 해낼 수 있다는 확신'과 '목표를 인지하는 능력'으로 행동을 지배하는 역할을 한다.

버진그룹의 회장 리처드 브랜슨Richard Branson은 인지적 요인 중에서 내적 심상을 구체화한 인물이다. 그는 자신의 저서인 《내가 상상하면 현실이 된다Screw It, Let's Do It》에서 "비행기 조종사가 되고 싶다면 일단 공항에서 커피부터 팔라"고 조언할 만큼, 한번 목표를 정하면 그 목표가 실행될 때까지 그것에 집중했다. 브랜슨은 하고 싶은 일이 생기면 '일단 해보자'라는 내적 심상을 강화한 뒤, 이를 곧장 행동으로 옮김으로써 현실로 재현해내는 루틴을 갖고 있었던 것이다.

'일단 해보자'라는 구호가 별것 아닌 것처럼 느껴질 수 있지만, 오늘 할 일을 내일로 미룬다거나 혹은 하지 말아야 할 이유를 만들지 않고 목표를 이루는 속도를 높여준다. 브랜슨은 여러 차례 성공과 실패를 경험하면서 자신만의 루틴을 완성했고, 그 결과 의식하지 않아도 루틴이 그를 성공으로 이끌었다.

김아랑 선수는 경기장에 들어서서 크고 길게 심호흡을 하고 장비들을 한 번씩 다시 단단히 매만지고 얼음판을 터치하는 등의 루틴이 있다. 이외에 경기 전 비트가 빠른 노래 반복재생하기, 아메리카노 마시기, 십자성호 긋고 기도하기("제가 이 무대에서 즐거울 수 있도록 함께해주세요") 같은 행동을 한다. 낯선 환경에서도 자신이 하는 루틴만 챙기면 그곳은 그냥 평소에 자신이 있던 곳과 다르지 않다는 생각을 갖게 돼 긴장이 풀리고 집중력이 높아지는 것이다. 이런 루틴을 만들기까지 시행착오도 있었다. 그 결과 어떤 상황에서든 최대한 자신이 컨트롤할 수 있는 것을 루틴으로 만든 것이다. 그리고 시합 전에는 항상 스스로에게 이렇게 말한다고 한다. "나는 할 수 있다."

김아랑 선수를 비롯해 많은 선수들이 중요한 퍼포먼스를 하기 전에 '할 수 있다'는 말을 반복적으로 되새긴다. 연습 때 실패한 것을 시합 때 시도하는 선수는 별로 없다. 엘리트 선수들은 연습 때 성공한 것을 시합 때 시도한다. 다시 말해 그들은 이미 성공을 해봤고, 또 그대로만 하면 성공할 수 있는 시도를 하는 것이다. 그 성공의 시작을 알리는 것이 루틴이고, 가장 흔한 신호가 바로 '할 수 있다'는 말이다.

루틴의 특징은 그다음 행동이 상당히 중요한 행동이라는 신호를 뇌에게 줘 미리 준비시키는 역할을 한다는 것이다. 이런 루틴을 잘 활용하면 목표를 실현하는 데 큰 도움이 된다.

긴장해서 실력 발휘를
못하고 있다면

준비도 성공도 잘게 나눠라

충분한 실력을 가지고 있으면서도 경기 중 제 기량을 발휘하지 못하는 선수들이 있다. 긴장과 불안감 때문이다.

여러 명의 코치들과 대화하면서 얻은 깨달음 가운데 하나는 불안감을 성공을 통해 줄이는 것이 효과적이라는 사실이다. 그때까지 나는 주로 선수들의 불안감을 직접적으로 줄이는 데 관심을 쏟아왔다. 하지만 타석에만 들어서면 제 실력을 발휘하지 못하는 선수들에게 그 방법은 큰 효과가 없었다. 결국 타격 코치와 상의할 수밖에 없었다. 그런데 코치는 "일단 안타를 쳐봐야 한다"고 말하는 것이 아닌가.

옳은 말이긴 했지만 내게는 단순하고 무책임하게 들리

는 대답이었다. 그래서 내 방법과 코치의 처방을 결합해 '목표 나누기'라는 전략을 강구해냈다. 하나, 타석에서 안타를 치기 전에 아웃코스로 들어오는 직구만 1루 쪽으로 보낸다. 둘, 인코스로 들어오는 공은 포기하고 아웃코스로 들어오는 공은 안타든 아웃이든 무조건 1루 쪽으로 보낸다.

나는 불안감에 위축된 야구선수에게 이 두 가지 원칙만 지킬 것을 당부하고 다음 날 경기에 나서도록 했다. 그러자 그는 5타석 만에 안타를 쳐냈다. 다음번에는 인코스로 들어오는 공을 무조건 3루 쪽으로 보내라고 지시하자 선수는 4타석 만에 안타를 쳐냈다. 그러는 사이 선수의 불안감도 눈에 띄게 감소했다. 코치가 말한 대로 안타를 쳐봤기 때문이다. 그는 선수로서 제 역할을 해냈다는 자신감이 붙기 시작한 것이다.

많은 사람이 '준비를 단계별로 나눠 하라'는 말에는 쉽게 동의하면서 '성공을 나눠 인지하라'는 말은 선뜻 이해하지 못한다. 물론 실력이 뛰어난 선수는 시합 전 준비 과정부터 남다르다. 구체적인 경기 준비를 단계별로 나눠 접근해 나간다. 과정 자체를 잘게 나눠 준비해야 될 것들을 확실하게 파악해두는 것이다.

한 야구감독은 좋은 선수를 알아보는 방법에 대해 이렇

게 말했다. "좋은 선수란 밤늦게까지 연습하는 선수가 아니라 아침 일찍 운동장에 나오는 선수다." 훈련장에서 늦게 빠져나가는 선수는 부족한 부분을 채우거나 혹은 경기 운영에 대해 지적을 받아 남아 있는 경우가 많지만, 아침 일찍 나오는 선수는 오늘 경기를 어떻게 대비해야 할지 구체적인 계획이 섰기 때문에 일찍 집을 나서게 된다는 것이다. 이는 나머지 공부를 하는 학생과 일찍 등교하는 학생의 차이를 떠올려보면 쉽게 이해될 것이다.

높은 타율을 지속적으로 유지하는 강타자들은 매일 같은 양의 운동을 하지 않는다. 이틀간 휴식을 취했으면 러닝머신을 30분간 하고, 이틀 연속 시합을 했으면 20분간, 사흘 연속 시합을 했으면 10분간 하고, 나흘 연속 시합을 했으면 러닝머신을 하지 않는 식이다. 대신 비디오 분석이나 전력 분석에 더 많은 시간을 할애한다. 실력이 좋은 선수들은 자신의 피로를 조절할 수 있을 뿐만 아니라 시합 당일에 맞는 훈련법에 대해서도 잘 알고 있다.

특히 시간이 부족할 때는 과정별로 나눠 연습하는 것이 매우 중요하다. 짧은 시간 안에 역량을 극대화할 수 있기 때문이다.

일반인들도 마찬가지다. 프로젝트 마감이 일주일밖에 남지 않은 상황이라면, 모든 과정에 똑같은 시간과 에너지를 들일 수 없다. 이때 팀 리더는 일주일 이내 업무를 마무리한다는 목표에 맞춰 스케줄 및 인프라를 구성할 수 있어야 한다. A부터 Z까지 모두 챙기려 하다가는 D 정도에서 일이 엉성하게 끝나버릴 수 있다. 과정을 잘게 나눠 시간과 에너지를 분배해야 하는 이유가 여기에 있다.

성공 경험의 중요성

앞서 코치와 내가 선수들에게 사용한 처방은 목표를 나눈 것이 아니라 성공을 나눈 것이다. '안타'라는 작은 성공으로 선수는 자신감을 회복했다. 안타가 나오든 아웃이 되든 매 타석에서 공을 보내는 성공을 맛보기 시작하면서 결국 안타라는 성공을 만들어낸 것이다.

이 선수처럼 충분히 실력이 있음에도 긴장과 불안 때문에 실력 발휘를 제대로 못하는 선수들이 많다. 이들에게 작은 성공으로 불안을 없애는 방법을 써보라고 권하고 싶다. 많은 선수가 실력이나 노하우가 부족해 좋은 성적을 내지 못하는 게 아니다. 불안감을 해소하고 자기 자신에 대한 신뢰를 경험할 기회를 갖는 것이 중요하다. 일단 작은 성공을 통해 "나도 충분히 할 수 있다" "해볼 만하다"라는 마인드 컨트롤을 시작해야 한다.

성공을 나눠 작은 성공을 일찍 맛보게 되면 '보상'이나 '만족'이라는 선물이 주어진다. 그리고 이 보상이 '긍정'을 강화한다. 학창 시절에 문제집 한 권을 다 풀고 나서 채점할 때보다 단원별로 풀고 나서 채점했을 때 진도가 더 빨리 나가는 만족감을 느꼈던 기억을 떠올리면 이해가 쉬울 것이다.

보상에는 '지연적 보상delayed reward'과 '즉각적 보상immediate reward'이 있다. 즉각적 보상은 행동하는 즉시 보상이라는 선물이 주어져 보상을 받는 행동을 더욱 강화한다. 즉각적 보상이 강화되면 신경전달물질인 도파민이 분비되는데, 우리 몸은 이 도파민이 더 많이 분비되는 쪽으로 에너지를 쏟는다.

성공이라는 달콤함을 맛본 사람들은 그것을 강화하려는 쪽으로 행동 패턴을 진행하고 그 결과 더 큰 성공을 이뤄낸다. 이러한 메커니즘 역시 즉각적 보상과 유사한 시스템으로 진행된다. 뇌는 이전에 보상받은 것을 기반으로 다음 행동을 결정한다.

김아랑 선수 역시 자신이 목표한 성과를 달성했을 때의 기억들을 되새기며 힘든 연습을 버틴다고 한다. 그간의 성공 경험을 통해 결과를 위해서는 지금 힘든 순간을 꼭 넘어가야만 하니 '일단 하자'고 생각하고, 그렇게 하다 보면 어느

새 고통보다는 뿌듯함이 찾아온다는 것이다.

한 가지 이벤트가 진행될 때마다 두세 가지 선택지가 있다고 해보자. 한 번 성공한 경험이 있으면 비슷한 상황에 처했을 때 도파민이 분비된다. 뇌가 '아, 이거 지난번에 맛본 기분 좋은 일이네. 도파민을 분비해야겠다' 하고 사고하는 것이다.

이렇듯 뇌 회로가 저절로 반응하게 되면 선택의 갈림길에서 고민이 줄어든다. 뇌가 보상받은 쪽으로 최종 선택을 하기 때문이다. 이런 패턴을 '반복 학습'이라고 부른다. 이러한 반복 학습은 성공을 향한 패턴을 강화해준다.

자기 과소평가를 경계하라

민석 씨는 한국을 대표하는 타자가 될 거라는 기대를 한 몸에 받는 선수였다. 그는 동체시력, 즉 움직이는 물체를 정확하고 빠르게 인지하는 시력이 뛰어날 뿐만 아니라 공을 방망이에 맞히는 재주도 남달랐다. 광속으로 날아오는 공의 구질을 파악해 방망이의 구도를 정해야 하는 타자로서는 유리한 조건을 갖춘 셈이다.

그런데 그는 결정적 순간에 타석에 들어서면, B급 투수의 공에 방망이를 휘두르다 어처구니없이 삼진을 당하는 경우가 많았다. 실전에서 평소 실력이 발휘되지 않으니 답답할 노릇이었다. 나는 면담을 통해 그가 겉으로만 자신이 경쟁력 있는 타자라고 생각하고 있다는 걸 알게 되었다. 그는 자신이 어떤 타자인지, 얼마만큼 위력이 대단한 선수인지를 잘 모르고 있었다. 다시 말해 상대편 투수가 타자인 자신을 얼마나 부담스러워하는지 인지하지 못하고 있었다. 게다가 중요한 경기마다 실수가 반복되면서 스스로를 과소평가하고 있었다.

그는 왜 자신의 실력을 제대로 인지하지 못했을까? 프로의 세계에서는 자신의 실력을 과대평가하는 일 못지않게 과소평가하는 태도 또한 경계한다. 민석 씨와 같은 선수들은 겸손한 게 아니라 자신의 가치를 제대로 알지 못하는 것이다. 감독이나 동료에게 칭찬을 들어도 '으레 하는 말이겠지' 하고 흘려듣고, 기자나 상대편 코치진이 자신을 좋게 평가해도 '설마 내가 그 정도로 대단하겠어?' 하며 의심하기도 한다.

이런 선수들을 보면 이전에 몸담았던 소속 팀의 성적이 우수해 자신의 특기나 기량을 확인할 기회가 많지 않았던 경우가 많다. 자기객관화를 할 수 없는 환경에서 선수생활을 해온 것이다. 이럴 땐 경기에 자주 나설 수 있는 B급 팀으로 이적하는 것이 오히려 나을 수 있다. 선수 생명은 경기장에서 결정되지 벤치에서 결정되는 게 아니기 때문이다.

내가 두려운 만큼 상대도 두렵다

야구에서 타자는 어떤 유형의 투수를 가장 두려워할까? 시속 150킬로미터가 넘는 강속구를 던지는 투수일까? 하루에 공을 120개씩 던져도 힘이 남아도는 체력이 좋은 투수일까? 아니다. 타자를 혼란스럽게 만드는 투수를 가장 두려워한다. 빠른 볼이 들어올 것 같았는데 느린 변화구를 날리고, 스트라이크를 던질 줄 알았는데 볼을 계속 던지는 투수와 같이 예측 불가능한 투수가 타자에게는 가장 어렵다.

공이 투수 글러브를 떠나기 전에 던지는 자와 받는 자 간의 미묘한 신경전과 전술이 펼쳐진다. 투수는 공 배합을 결정하고, 타자는 공 배합을 가늠한다. 결정과 가늠 사이에서 진땀 나는 승부가 시작되는 것이다.

이때 국보급 투수를 상대하는 타자라면 머릿속이 더 복잡할 수밖에 없다. 상대가 빠른 공을 던질 것이라고 예상하면서도 '그래도 혹시…' 하고 의문을 품게 된다. 스스로 자기 자신의 확신을 무너뜨리는 것이다. 이렇게 타자를 혼란스럽게 만드는 에이스 투수들은 공통된 비법을 가지고 있다. 그것은 자신의 입장이 아닌 타자의 입장에서 공 배합을 결정하는 것이다.

나는 민석 씨에게 투수의 입장이 되어보라고 제안했다. 그리고 경기에 임하는 상대 투수의 마음이 어떨지에 대해 많은 이야기를 나눴다.

"그 투수들이 겉으로는 아무렇지도 않다는 듯 표정을 짓고 있지만 속으로는 얼마나 조마조마하겠어요?"

"그렇겠죠. 그 사람도 '내가 잘못 던지면 어떡하나, 저 선수가 예상치 않게 내 공을 잘 쳐내면 어떡하나' 싶을 거예요. 어쩌면 저 못지않게 큰 압박감에 시달리고 있을지도 모르겠네요."

이런 식으로 그는 타석에 들어섰을 때 느끼는 부담감을 조금씩 줄여나갔다. 자신이 상대와의 대결에서 부담감을 느끼는 것만큼 상대도 그를 부담스러워한다는 사실을 받아들이게 된 것이다.

나는 민석 씨에게 '저 투수는 지금 나를 두려워하고 있다, 이 경기는 내가 더 유리하다'고 자기 자신에게 주문을 걸어보라고 조언했다. 이렇게라도 자신감을 불어넣으면 자신에게 유리한 상황으로 경기를 주도해나갈 수 있다. 상대가 객관적인 실력이 월등히 뛰어나다 해도 마인드 컨트롤을 통해 자신이 충분히 상대할 수 있는 선수라고 믿는 게 중요하다.

운동선수들은 심리적 압박감을 능수능란하게 사용할 줄 알아야 한다. 상대를 심리적으로 압박함으로써 상대의 신체적 컨디션을 깨뜨릴 수 있기 때문이다. 심리적 압박감을 받으면 갑자기 심장박동수가 증가하고 손과 이마에서 식은땀이 나는 등 신체적 긴장감이 생긴다. 특히 부담감을 느낄 때는 뇌에서 불안 조절 신경전달물질인 세로토닌의 불균형이 일어난다. 세로토닌은 적절한 양이 분비되는 것이 바람직한데 그 균형이 깨지면 지치게 되고, 신체에 좋지 않은 영향을 준다. 결국 심리적 부담감이 지는 게임을 하도록 만드는 것이다.

잘해야 한다는 압박감 때문에 평소 실력을 발휘하지 못한 경험이 누구나 있을 것이다. 노력한 것만큼 시험 성적이 나오지 않아 공부를 아예 포기해버리는 청소년들이 있다. 중요한 경쟁 프레젠테이션을 앞두고 극심한 심리적 부담감에 시달리다 상담하러 오는 직장인들도 꽤 있다. 나는 그들에게 야구선수 민석 씨에게 권했던 것처럼 역지사지의 방법을 제안하곤 한다.

"함께 경쟁하고 있는 다른 사람은 어떨지 한번 상상해보세요. 당신보다 머리가 나쁘고 노력도 덜한 사람들은 과연 어떤 심정일까요?"

이처럼 입장을 바꿔 생각해보면 자신의 실력을 객관적으로 평가하게 되고 현실적 기대치를 갖게 된다. 그런데 재미있는 것은 이런 방법을 사용하면 기대했던 것보다 더 나은 결과를 얻게 된다는 사실이다.

떨리고 긴장되는 순간에 다음과 같은 생각을 해보라.

'저 사람이 잘나봤자 얼마나 잘났겠어? 나보다 더 떨고 있을걸.'

'내가 실패할 확률만큼 상대도 실패할 확률이 높아.'

'나만 부족하다고 느끼는 건 아니겠지. 그건 다른 사람도 마찬가지일 거야.'

몸과 마음을 옥죄던 이유 없는 긴장감이 한결 누그러지는 것을 경험할 수 있을 것이다.

실전에서 긴장감 떨치는 법

가슴이 콩닥거릴 만큼 긴장되는 상황에서는 몸도 내 뜻대로 움직여지지 않는다. 이럴 때는 우선 자기 자신에 대한 신뢰가 회복되어야 제 실력을 유감없이 발휘할 수 있다.

김아랑 선수는 부상 부위 통증으로 훈련이 부족한 상태에서 2023년 11월 캐나다 사대륙 선수권 대회에 나갔다. 상황이 이러하니 낭연히 불안했을 것이나. 난제선에서 "나른 선수에게 피해를 술까 봐 무서웠다"고 한다. 많이 노력하고 잘 준비할수록 불안이 줄어든다는 것을 경험적으로 알기에, 준비가 부족했던 이 경기에서 더 불안했던 것이다.

김 선수는 그래도 늘 하던 것처럼 경기 시작 한 시간 전부터 '나는 이제 할 바를 다 했으니 지더라도 어쩔 수 없다. 모든 결과를 받아들이자'라고 생각했다. 그리고 경기 시작 5분 전에는 좀 더 강하게 '할 수 있다. 해내는 자가 이긴다. 하면 된다'고 되새겼다. 이런 자기신뢰를 바탕으로 단체전 은메달을 획득할 수 있었다.

자기신뢰가 부족한 운동선수들에게 다음의 몇 가지 방법들을 제안한다. 일반인에게도 충분히 적용 가능하다.

1. 호흡을 천천히 가다듬는다

느리고 깊게 호흡하라. 호흡을 조절하면 불안한 마음을 어느 정도 진정시킬 수 있다. 현재의 주변 상황을 입체적으로 파악하고 정신을 집중하는 데도 도움이 된다.

2. 자기만의 시선 포인트를 정해둔다

'나는 전광판의 빨간불만 보면 집중이 잘된다. 지금 전광판에 빨간불이 선명하게 보인다.' 이런 식으로 자기만의 시선 집중 포인트를 정해두고 마음을 다잡는 훈련을 한다. 시각적으로 집중할 곳을 정해두면 딴생각이 들지 않기 때문에 불안감을 일시 정지시킬 수 있다.

3. 신호가 되는 짧은 단어를 사용한다

평소 연습할 때마다 머릿속으로 짧은 단어를 되뇌었다가 실전에 임할 때 그 단어를 되새겨보자. 긴장되는 순간에 침착하게 제 실력을 발휘하는 골퍼들은 일종의 '큐 단어cue word'를 효과적으로 이용한다. 이들은 스윙에 문제가 있다고 생각되거나 혹은 어려운 코스를 만났을 때, 자기 자신에게 복잡한 주문을 하지 않는다. 그냥 '휙' '탁'과 같은 짧은 단어로 자신만의 신호를 보낸다. 장황하고 어려운 주문은 연습할 때나 하는 것이고, 시합할 때는 연습하면서 만들어놓은 아주 단순하고 쉬운 주문만 하는 것이 좋다.

나도 골프를 치다가 어려운 코스를 만나면 "휙~ 탁!" 하고 입으로 작게 소리를 내는데 그러면 스윙이 잘된다. 골프채를 휘두르고 공이 맞는 소리를 말로 표현한 것일 뿐이지만, 이 소리에는 공을 보고 휘두르고 맞히고 공이 멀리 나가는 느낌이 모두 담겨 있다.

또 다른 예를 들어보자. 야구 경기 중 찬스 상황에서 진루타를 치려면 짧은 스윙으로 밀어 쳐야 한다. 그러기 위해서는 오른팔을 쭉 뻗고 무게중심을 뒤쪽에 둬야 한다. 이때 "오른팔" 혹은 "엉덩이" 하는 식으로 단어를 말하면 더 효과적으로 집중할 수 있다. 즉 '오른팔'이라는 단어 하나에 다른 행위들이 자연스럽게 연결되도록 하는 것이다.

4. 심리적 안정을 주는 특정 행동을 만든다

투수가 손에 송진가루를 바르고 공을 던지면 미끄럽지 않아 빠른 공을 던질 수 있다. 투수에게는 송진가루를 바르는 행동이 빠른 공을 던질 수 있다는 확신을 준다. 이처럼 스스로에게 확신을 가져다줄 수 있는 어떤 행동을 정해두면 심리적으로 안정된다.

5. 컨디션이 좋다고 생각한다

'나는 지금 컨디션이 아주 좋아'라고 생각하는 습관을 들이자. 몸 상태가 언제나 최상일 수는 없다. 컨디션이 80퍼센트만 되어도 몸 상태가 아주 좋다고 할 수 있다. 설령 컨디션이 별로 좋지 않더라도 몸 상태가 좋다고 굳게 믿으면 컨디션을 회복하는 데 도움이 된다.

3장

더 나은 내일을 위한 준비

뛰어난 선수는 완벽을 추구하지 않는다

성공에 대한 오해 바로잡기

"시합에서 100프로를 쏟기보다 힘을 빼고 80프로를 쓰려고 해요. 80프로가 애매한 숫자잖아요. 80에 맞추려고 하면 100에 가깝게 하게 되는데, 100에 맞추려고 하면 무리를 하게 되고 무너졌을 때 다시 일어날 힘이 없어요. 80에 맞추면 결과가 좋지 않았을 때도 받아들이기 쉽고요."

김아랑 선수의 말이다. 뛰어난 운동선수들은 완벽을 추구하지 않는다. 최고의 기량과 완벽한 운동 능력을 구분한다. 경기에서 보여줄 수 있는 최고의 기량은 가늠해보지만 완벽한 경기를 기대하지는 않는다. 다만 자신의 기량은 항상 보완되고 수정되어야 한다고 생각할 뿐이다.

김 선수는 '오늘은 내가 시야가 좁아서 앞 선수만 보고 탔으니, 내일은 시야를 좀 넓혀서 앞뒤 선수를 보면서 뒷 선수가 나오려 할 때 견제해야겠다'는 식으로 수정하고 보완해야 할 능력에 대해 고민한다.

수정과 보완이라는 것을 완벽하지 못한 상태로 인식하는 사람도 있다. 성공은 한 번의 기적이 아닌 점증적 노력과 시행착오 등 경험의 축적에서 발현된다는 것을 경험해본 적이 없기 때문이다.

마이클 조던의 유명한 말이다. "나는 지금까지 9,000번 넘게 슛을 실패했으며, 팀이 나를 믿어줄 때도 26번이나 결정적 슛을 실패했다. 그렇게 실패하고 또 실패했다. 그것이 내가 성공한 이유다." 마이클 조던에게 실패는 성공을 이루기 위해 마땅히 겪어야 할 관문이었던 것이다.

김아랑 선수는 선수생활을 하면서 지금까지 10번이 넘는 국가대표 선발전을 치렀다. 그런데 3번의 올림픽을 치르는 동안 올림픽 직전 해 국가대표 선발전에서 탈락했다. 보통 선수들은 올림픽 직전 해 국가대표 선발 여부를 중요하게 생각한다. 월드컵 등 다른 국가대표 경기에서 실전 감각을 익히고 올림픽에 맞춰 최상의 컨디션을 끌어올릴 수 있기 때문이다.

일반인들은 잘 모르지만 국가대표 선발전은 매해 있다. 올림픽은 4년에 한 번 열리지만, 쇼트트랙만 해도 매해 4~6번의 월드컵과 세계선수권 대회가 있다.

2018년 평창 올림픽을 앞둔 2016-2017시즌 국가대표 선발전에서 김아랑 선수는 탈락했다. 열심히 노력했는데도 결과가 따라주지 않았다. 그런데 그때 김 선수는 이렇게 생각했다고 한다. '지금 떨어져서 다행이다. 올림픽까지 아직 시간이 남았고, 내가 무엇이 부족한지 무엇을 준비해야 하는지 확실히 알았으니 이것만 잘 준비하면 된다. 지금의 탈락이라는 결과는 올림픽 무대에 가기 위한 과정일 뿐이다.' 그 결과 김 선수는 2017-2018시즌 국가대표 선발전에서 평창 올림픽행 티켓을 손에 쥘 수 있었다.

사람들은 성공과 실패라는 결과만 인식하고 그 결과가 있기까지의 과정에는 관심을 두지 않는다. 바로 이 과정에서 0.1퍼센트의 집중력과 오차 범위를 줄이는 단서들이 발견되는데도 말이다.

미국의 사회심리학자 배리 슈워츠Barry Schwartz는 의사결정 방식을 설명하는 과정에서 최대 만족을 추구하는 '극대화자maximizer'와 현실에 만족하는 '만족자satisfier'를 구분했다.[8] 필요한 훈련만 하고 집에 일찍 들어가 체력을 안배하는 선수는 만족자인 반면 새벽까지 훈련하는 선수는 극대화자에 해당한다. 둘의 차이는 열정이 아니다. 어떤 방식이 자신에게 더 효과적인지 알고 있느냐의 차이다.

최상의 만족을 추구하는 극대화자의 맹점은 현실적인 대안을 고려하지 않은 채 판타지만을 좇는다는 데 있다. 이 과정에서 체력이 소모되고 정서적 허기도 느끼게 된다. 자신의 목표와 욕망이 실현될 확률이 요원하고 노력한 만큼 대가도 따라주지 않으니 심한 공복감이 생기는 것이다. 그러나 현실에 만족하는 만족자는 단계적으로 욕망을 실현해냄으로써 최종적으로 자신이 원하는 위치에 무리 없이 올라간다.

흔히 사람들은 성공으로 가는 과정에서 '매 순간 최선을 다해야 한다'고 생각한다. 또 목표를 달성하기 위해 피곤한 삶을 자처한다. 만족을 정체된 삶의 상징으로 여기기 때문이다. 그러나 현명한 사람들은 만족을 최종 목적지로 가기 위해 거쳐야 하는 단계로 받아들인다.

힘 빼기의 중요성

김아랑 선수에게 2023-2024시즌 국가대표 선발전은 남다른 의미가 있다. "제가 지금까지 준비했던 시합 중 제 상태에 가장 잘 맞췄던 것 같아요. 예전에는 욕심을 내서 무리하다가 결과가 더 좋지 않은 경우도 많았거든요."

그전까지는 욕심을 내서 '꼭 국가대표가 꼭 돼야지' 하는 마음으로 준비했다면, 이때는 '얼마 전 부상도 있었는데 지금 이 시합에서 스케이트를 탈 수 있다는 것도 감사한 일이다. 그러니까 일단 눈앞의 하나하나에 집중하자' 이렇게 생각했다고 한다.

국가대표 선발전을 준비할 때 김 선수는 대학원도 다니고 유튜브도 열심히 하고 있었다. "그러다 보니 자연스럽게 힘을 빼게 된 것 같기도 해요."

일반 사람들도 그렇지만, 운동선수들에게 특히 중요한 것은 힘을 빼는 것이다. '아마추어 골퍼가 힘을 빼는 데 3년이 걸린다'는 말에 나는 매우 공감한다. 나는 골프를 칠 때 공을 멀리 또 정확히 날려 보내려고 있는 힘껏 힘을 주고 스윙을 한다. 그런데 결과는 여지 없이 OB가 난다. 그러다 2009년 애리조나 오픈 클래식 경기에서 필 미켈슨의 경기를 참관한 적이 있다. 그는 정말 공을 살살 치는데도 공이 멀리 나가고 정확히 갔다. 그 모습을 보고 시쳇말로 '저건 사기다'라는 생각까지 했다.

미켈슨이 골퍼로서 최고 경지에 올랐던 시기, 그의 스윙을 보면 마치 춤을 추는 듯하다. 가장 필요한 부분에만 힘을 주고, 나머지 구간에서는 모두 힘을 뺀 것이다. 사실 골프에서 스윙이라는 것이 원심력을 이용한 것이기에, 중심 부분은 힘을 주어도 바깥 부분은 힘을 놓아야 힘이 가장 많이 걸린다. 그런데 나를 비롯한 대부분의 아마추어는 그 반대로 하고 있다. 내 눈에 보이는 대로 해야만 공을 맞출 수 있기 때문이다.

몸에 힘을 주는 것은 꼭 프로 선수나 베테랑이 아니어도 쉽게 할 수 있다. 다만 힘을 빼는 것은 초보자가 하기에 쉽지 않다. 운동 경기에 있어 매 순간 최선을 다한다는 것은 '촌놈 마라톤 뛰는 식'으로 처음부터 맹렬한 속도로 끝까지 뛰는 게 아니다. 내가 계획한 방식으로 가장 필요한 순간에 나의 힘을 집중하는 것이다. 그러기 위해서는 힘을 비축하는 시기도 있어야 하고, 힘을 쓰기 위한 스트레칭 단계도 필요한 것이다. 운동에서는 이를 '힘을 조였다 풀었다 한다'고 이야기한다.

우리가 긴장하고 불안할 때 가장 먼저 나타나는 반응은 몸에 힘을 주는 것이다. 우리는 흔히 이것을 두고 '어깨에 힘이 들어갔다'고 이야기한다. 한번 조폭 영화를 떠올려보라. 뚱뚱하고 무식한 부하들이 어깨에 한껏 힘주고 등장했다가 두드려 맞고 있으면, 어깨에 힘 쫙 빼고 나타난 보스가 동생들을 대신해서 상대편 보스를 무찔러주는 장면을 본 적 있을 것이다. 이것만 보더라도 어느 필드에서나 힘을 뺄 줄 아는 사람은 그 분야의 진정한 프로라 할 수 있다.

부정적인 생각을 되새김질하지 않기

긍정적인 생각을 가진 사람들은 문제에 맞닥뜨렸을 때 감정을 배제하고 의식적으로 대한다. 문제 해결을 위해서는 어디에 집중하고, 무엇을 포기하고, 어느 부분을 강화해야 하는지 아는 것이다. 의식적 대응이 가능하려면 문제를 감정적으로 대하지 않는 훈련이 필요하다. 감정의 과잉은 이성을 마비시키고 문제를 객관적으로 바라보는 데 방해가 될 뿐이다.

부정적인 사람과 긍정적인 사람의 차이는 '부정적인 생각의 되새김질'에 있다. 부정적이고 우울한 사람은 부정적인 생각을 되새기는 버릇이 있다. 이러한 버릇은 또 다른 감정을 처리할 때 나쁜 영향을 끼친다. 특정한 사건에 부정적인 영향을 주는 데서 그치지 않는다. 뇌는 슬픈 감정이나 부정적인 단어를 처리할 때 되새김질을 더 자주 하며 결국 뇌의 효율성을 떨어뜨린다.

실제로 정상인을 대상으로 기능성자기공명영상fMRI을 촬

영한 연구에서 희망적인 얼굴 표정과 긍정적인 단어를 보여줄 때보다 슬픈 표정과 부정적인 단어를 보여줄 때 전두엽이 더 많은 에너지를 사용한다는 사실이 밝혀졌다.[9] 뇌가 부정적인 정보를 다른 단어와 감별하는 분리수거를 한다는 의미다. 이렇게 뇌가 에너지를 사용해 부정적인 생각을 굳이 분리하는 이유는, 필요 이상의 되새김질을 줄임으로써 뇌를 효율적으로 만드는 자정 작용을 하기 위함이다.

부정적인 생각이 몰려올 때, 어떻게 하면 생각을 정리할 수 있을까? 메모를 해보자. 실제로 김아랑 선수가 하는 방법이다. 김 선수는 평소에도 메모를 많이 하는 편이지만, 특히 머릿속이 복잡할 때 메모를 한다. 그리고 지금 당장 자신이 해결할 수 있는 것과 없는 것을 나눈 다음, 제일 먼저 해야 하는 것을 찾고 이를 할 수 있는 방법을 강구한다. 만약 해결되지 않는다면? 김아랑 선수도 우리와 똑같다. "맛있는 걸 먹고 자버려요." 당장 해결되지 않는 문제들로 끙끙대지 말자.

힘들다고 자꾸 남에게 기대면 안 되는 이유

의존성과 불안

김 팀장은 점심때만 되면 직원들 앞에서 빨리 밥 먹으러 가자고 시위를 한다. 그는 색다른 메뉴를 기대했던 부하직원들의 로망을 빼앗아버리고, 오늘도 어김없이 늘 가던 식당에서 전 팀원들과 함께 김치찌개와 계란찜, 제육볶음을 먹는다. 그러면서 자신이 부하직원들에게 먹는 것 하나만큼은 기막히게 잘 챙겨주는 상사라고 생각한다. 동시에 부하직원들이 자신을 예우해주길 은근히 기대한다.

하지만 부하직원들은 김 팀장의 호의가 부담스러울 뿐이다. 바로 김 팀장의 의존성 때문이다. 김 팀장의 의존성은 비난할 수 없는 호의로 포장되어 있기 때문에 거절하기가 더욱 힘들다. 의존성은 불안과 연관되어 있는데, 불안을 들키고 싶지 않은 사람들은 이렇게 자신의 불안을 잘 포장한다. 내가 상대에게 호의를 베풀 때 상대가 편하게 느껴야 진정한 배려다. 상대가 부담을 느낀다면 의존을 통한 자신의 불안 해소에 지나지 않는다.

만약 당신이 어떤 제의를 했을 때 부하직원들이 이런저런 핑계를 댄다면 그들에게 부담을 주고 있는 건 아닌지 고민해봐야 한다. 부하직원들이 무조건 '예스'라고 할 때도 마찬가지다. "팀장님, 오늘은 힘들겠는데요"라고 상황을 이야기하고 이해를 구하는 관계가 호의와 배려를 나눌 수 있는 건강한 관계다.

매일 똑같은 패턴으로 생색을 내는 팀장보다는 때로는 한두 명, 때로는 부서 전체를 챙겨주는 팀장이 더 고맙지 않겠는가. 이런 팀장이 비 오는 날 우중충한 중식당에서 혼자 자장면을 먹고 있다면 다가가 그 옆에 앉고 싶어질 것이다.

스포츠 세계에서도 마찬가지다. 상대를 챙긴다는 것이 그에게 부담인지 배려인지 구분해야 한다. 선수들이 감독이나 코치의 말에 무조건 복종하는 것은 부담스럽다는 증거다.

반면 마치 아이에게 주먹을 맞고 일부러 아픈 표정을 보여주는 아버지처럼 선수들에게 인간적인 모습을 보여주는 코치는 인기도 많고 존경도 받는다. 이런 코치는 권위적이지 않으며 선수들이 자연스럽게 다가올 수 있도록 문을 열어둔다. 프로 스포츠에서 외국인 감독과 코치가 인기 있는 이유는 그들의 실력 때문만은 아니다. 어눌한 한국말과 문화 차이에서 나타나는 엉뚱한 행동들이 선수들에게는 오히려 편안하고 자연스러운 매력으로 느껴지기 때문이다.

관계에서도 신호를 잘 살필 것

이제 더 이상 운동을 할 수 없다며 절망에 빠진 고등학교 2학년 수영선수가 진료실을 방문했다. 지난 2년간 잠도 제대로 못 자고 남들 다 쉬는 명절에도 혼자 수영장에 나가 연습한 선수였다. 그는 밥 먹는 시간조차 아까워 김밥으로 끼니를 때우면서 훈련에 매달렸다. 하지만 노력한 만큼 결과가 따라주지 않았다. 사람들은 그에게 수영은 그저 열심히만 한다고 되는 게 아니라고 말했다. 경력이 쌓이면서 요령이 늘어야 대회에서 입상도 하고 좋은 성적을 올릴 수 있다고 조언했다.

상담을 하면서 나는 이 선수가 사실 대인관계에서 적지 않은 스트레스를 받고 있음을 알 수 있었다. 그는 사람을 사귈 때 한 사람에게 깊이 빠져드는 성향이 있었다. 주변에서는 "그렇게 너무 가까이 다가가면 상대가 부담스러워 할 수 있으니 어느 정도 거리를 두라"고 충고했지만, 그는 일단 좋아하는 친구나 선배가 생기면 과할 정도로 베풀었다.

용돈이 빠듯해 밥도 제대로 못 사 먹으면서도 친구에게 택시비를 챙겨주고 매일 수차례 전화를 걸어 안부를 확인했다. 그러고는 상대가 조금이라도 자신을 멀리하는 것 같으면 친구가 자신을 배신하려 한다며 속상해했다. 건강한 관계는 상대와 주고받는 가운데 형성되는데 이 선수는 자신의 의도와 타이밍대로만 관계를 유지하려 했던 것이다.

운동을 할 땐 상대가 보내는 신호를 파악하고 그에 맞춰 움직여야 좋은 경기를 펼칠 수 있다. 교통신호를 지키지 않는 많은 운전자가 그렇듯, 상대의 신호를 제대로 읽지 못하는 선수들은 이유 없이 마음만 급하다. 급하다면 급한 이유가 있어야 하는데 이들에게는 딱히 특별한 이유가 없다. 초록불이 꺼지고 노란불이 켜지는데도 위험을 무릅쓰고 성급히 달려가는 운전자처럼, 급하게 공격할 이유가 없는데도 서두르다 실수하는 선수들이 많다.

이러한 신호를 무시한다면 마치 교통신호를 지키지 않는 폭주 자동차와 같다. 빨간불이 켜지면 잠시 멈춰 기다리고 좌회전 신호가 켜지면 다음번에 직진 신호가 나오리라 예상하며 다음 움직임을 준비하는 운전자와 같은 자세가 운동선수에게도 필요하다.

운동에서든 대인관계에서든 우리는 소위 '기다림의 미학'을 새겨두어야 한다. 기다림의 미학을 아는 사람은 상대가 보내는 신호를 살피고 거기에 맞춰 움직인다. 그리고 상대에게 가까이 다가갈 수 있는 타이밍을 파악한다.

남보다 더 외로움을 느끼는 사람들

앞서 소개한 김 팀장과 같은 팀의 남 대리는 자신과 친한 몇몇 사람이 아니면 함께 식사하기를 꺼린다. 그는 김 팀장이 식사하러 가자고 할 때마다 죽을 맛이다. 재미있는 것은 남 대리가 서먹서먹한 동료들과의 점심을 피하기 위해 거래처 사람들과 점심 약속을 잡는다는 사실이다. 거의 매일같이 얼굴을 보는 동료들과의 식사조차 꺼리는 사람이 몇 번 얼굴을 보지 못한 거래처 사람들과는 별 어려움 없이 식사를 한다? 상당한 모순이다.

사실 남 대리는 사적인 대화를 힘들어한다. 남 대리에게 거래처 사람은 업무로 만난 사이이므로 공적인 주제만으로도 얼마든지 대화가 가능하다. 필요한 이야기만 하면 되니 크게 힘들지 않다. 남 대리는 상대에게 자신의 속내를 내비치는 것이 싫을 뿐더러 남의 속사정 따위도 알고 싶지 않다. 말 한마디로 누군가를 다치게 하고 싶지도 않고 자신 역시 상처받고 싶지 않다. 그는 기본적인 예의를 갖추고 대화를 나누면 그만이라고 생각한다. 그래서 호들갑스러운 김 팀장과 식사를 하면서 스트레스를 받느니 차라리 혼자 밥 먹는 게 편하다.

남 대리처럼 타인에게 마음을 열지 않는 사람이나 김 팀장처럼 타인에게 의존하는 사람은 똑같이 외로운 사람이다. 김 팀장은 오로지 현재의 불안 요소를 불식시키는 데 에너지를 집중할 뿐이다. 그에게는 당장 점심 먹을 사람이 필요하고, 퇴근하면 외롭지 않게 함께 소주 한잔을 기울일 상대가 필요한 것이다. 상대는 그저 나를 위해 필요한 도구일 뿐이니 누구라도 괜찮다. 외로울 수밖에 없는 사람의 전형적인 유형이다.

반대로 남 대리는 상대에게서 자신을 격리한다. 그가 타인과 관계를 맺을 때 가장 신경 쓰는 일은 물리적 거리를 확보하는 것이다. 다른 사람을 만날 때면 일정한 거리를 둔 채로 상대가 선을 넘어오지 못하도록 막는다. 아이러니하게도 사람을 많이 만나는 직업을 가진 사람들에게서 이런 성향을 자주 볼 수 있다.

두 사람의 공통점이 있다면 오로지 자기몰입 상태에 놓

인 '자폐시기autistic phase'에서 벗어나지 못하고 있다는 사실이다. 자기 영역 안에 사로잡혀 있는 이 시기를 벗어나지 못하는 사람은 타인과의 관계보다 자신의 생존에만 신경을 쓰기 때문에 쉽게 마음을 열지 못한다.

외로움에 관한 흥미로운 연구 결과가 있다. 2010년 노르웨이에서 시행된 한 연구다.[10] 연구진은 가정에서 학교를 다니는 학생과 기숙사에서 학교를 다니는 고등학생 5,000여 명을 대상으로 외로운지 물었다. 이들은 기숙사에서 학교를 다니는 학생들에게서 외롭다는 답변이 더 많이 나올 것으로 예상했으나 결과는 그렇지 않았다. 이들은 학년 초에 잠시 외로움을 겪기는 했지만 집에서 학교를 다니는 학생들처럼 금세 안정을 되찾았다.

이 연구 결과는 외로움의 문제는 집이나 기숙사와 같은 장소에서 오는 것이 아니라 가족 간의 관계, 자아존중감, 미래 계획 등과 관련 있다는 사실을 보여주었다. 인간의 외로움은 '현재 누구와 함께하는가'와 관련이 있는 게 아니라 독립심, 자신감, 목표와 같은 '나와 관련한 이유'가 더 중요하다는 사실을 이 연구는 잘 알려주고 있다.

먹고사는 게 최대 목표가 되어버린 한국 사회가 외로움에 질식해 있는 이유도 '주변에 사람이 없어서' 혹은 '기댈

곳이 없어서'가 아니다. 대상의 부재가 아닌 내 인생의 폴더가 비어 있다는 상실감이 더 큰 원인이다.

안정감과 의존성 사이

인생을 즐기려면 의존성이 극복되고 독립성이 확보되어야 한다. 잘 안 풀리는 문제를 이리저리 고민하다가 해결해냈을 때의 즐거움은 누구나 한두 번씩 경험해봤을 것이다. 자신이 직접 해냈다는 쾌감과 함께 그 결과물은 온전히 내 것이 된다.

스포츠 감독과 코치들은 나이 어린 선수들이 의존성에 문제가 많다고 한마디씩 한다. "요즘은 합숙이다, 강화 훈련이다 하면 벌써 얼굴부터 찡그리고 난리도 아니에요. 심한 소리라도 하면 금세 부모님들 귀에 들어가 항의 전화가 옵니다. 요즘 선수들은 신장과 체중만 좋지 정신력은 어린아이 수준이에요."

나는 현장에서 이런 이야기를 자주 듣는다. 특히 예전과 달리 한 자녀 가정이 많다 보니 자식을 떠받들면서 키우는 부모들이 많다. 집에서 왕자님 공주님처럼 대우받으며 살던 아이들은 단체생활에서 조금이라도 대접받지 못하거나 자존심이 무너지면 견디지 못한다. 문제가 생기면 스스로 해결할 생각은 안 하고 다른 사람의 결정에 의존하거나 혹은 책임을 물으려는 의존형 선수들이 많다. 몸은 어른인데 정신세계는 응석받이 꼬마 수준인 '어른 아이'들인 것이다.

이런 현상은 대상관계이론object relationship theory을 통해 설명될 수 있다. 인간은 성장하면서 부모, 선생, 친구, 연인 등 다양한 대상들과 만나게 된다.[11] 이는 곧 그들과의 관계를 내재화하는 일이기도 하다. 가령 갓난아이는 엄마를 아예 삼켜버리고 싶어 하는 '함입incorporation'의 욕구를 갖기도 하는데, 이는 엄마를 늘 자신을 먹이고 재우고 안아주는 대상으로 여기기 때문이다. 이를 '단순 대상 내재화'라고 한다.

이런 과정을 거쳐 성장하면서 아이는 엄마와 좋은 감정뿐만 아니라 서운한 감정도 공유하게 된다. 그리고 어느 날부터 자신을 향해 무조건 웃어주고 사랑해주었던 엄마가 다른 감정으로 자신을 대할 수도 있다는 걸 체감하고, 이제는 단순 대상 내재화를 넘어 엄마와 가졌던 다양한 감정까지 내재화하게 된다. 이를 '내재화된 표상으로 변환된다'라고 말한다.

이렇듯 아이는 엄마부터 시작해 점차 친구, 배우자로 내재화 대상을 확대해나간다. 그런데 이 과정에서 엄마의 지나친 간섭과 과잉보호가 오히려 자녀의 다양한 관계 및 심리 발달을 지연시켜 성인으로서의 역할을 못하게 만든다. 독립심이 길러지지 않은 아이가 사회라는 거친 무대에 그대로 내던져지는 것이다.

이런 사람들이 바로 의존성 문제를 갖고 있는 사람들로, 두 가지 유형으로 나누어진다. 타인에게 무조건 의존하는 사람이 있는가 하면, 자신에게 좋은 말을 하는 사람에게 의지하는 사람이 있다. 전자가 상대에게 의존함으로써 안정감을 찾는 유형이라면, 후자는 자신을 질책하고 비난하는 사람과는 담을 쌓으면서 선별적으로 의존하는 유형이다. 두 유형 모두 누구에게 의존하지 않고서는 살아갈 수 없는 어른 아이다.

심리적 독립의 중요성

훈련할 때 자신의 플레이를 만들지 못하는 선수는 시합 때도 제대로 플레이를 하지 못한다. 이런 선수는 감독의 지휘 아래 수동적으로 움직이는 로봇과 같다. 은퇴할 나이가 다 되었는데도 카리스마 있는 새로운 지도자 혹은 지도 방법을 찾는 선수들이 종종 있다. 이들을 보는 어린 선수들은 '저렇게 오래 운동을 했는데도 자신의 운동을 하지 못하고, 훈련이나 경기 중 다른 사람이 필요하다니…' 싶어 어리

둥절하다. 주변에서 볼 때는 너무 지나친 연습을 강요당하는 것이 아닌가 하는 생각까지 드는데, 정작 본인은 그 말을 듣지 않으면 자신이 뭔가 잘못될 것 같고 나쁜 결과가 생길 것 같아 불안해하기도 한다.

성적을 잘 내기 위해서는 최선을 다하는 정도가 아니라, 신체의 일부가 손상되거나 칭찬보다는 지속적 비난을 받으면서 그것을 이겨내는 집념을 가지고 열심히 해야만 한다고 생각하는 지도자들이 있다. A 코치는 바로 그런 사람 중에 한 명이었다. 선수 때도 이런 방식으로 운동을 잘했다고 한다.

A 코치는 엄청난 카리스마와 리더십을 가지고 있는데, 그의 지도를 받은 B 선수는 지역 대회에서 갑작스럽게 좋은 성적을 내면서 그에게 많이 의지하게 되었다. B 선수는 '연습을 가혹하게 하지 않으면, 이 코치는 나를 떠날 것이다. 그러면 나의 운동 수행 능력은 감소할 것이고, 나의 운동 인생은 끝날 것이다' 이렇게 생각했다. A 코치의 가혹한 훈련과 말은 점점 강도가 심해지고, 이는 B 선수의 마음에 점점 새겨졌다.

정신의학적으로 볼 때, 이는 투사적 동일시projective identification라는 개념과 관련이 있다. 투사적 동일시란 자신의 내면에 있는 나쁜 마음을 상대방에게 넌지시 던져서, 상대방을 조정하는 것이다. 소위 말하는 '가스라이팅'이다.

그렇다면 운동을 심하게 시키는 모든 지도자들이 선수들을 다 가스라이팅하는 것일까? 절대 그렇지 않다. 나를 진짜 위하는 지도자와 가스라이팅하는 지도자를 구별하는 가장 쉬운 방법 중 하나는 그 사람이 다른 사람의 말에 귀를 기울이느냐 그렇지 않느냐이다. 지도자가 자신의 경험과 지식만을 맹신하고 다른 전문가의 조언에는 귀를 기울이지 않는다면 가스라이팅일 확률이 높다.

또 해당 선수의 미래를 생각하고 있는지도 중요하다. 그 어떤 성적이나 메달도 선수의 미래보다 중요한 것은 없다. 따라서 지금 이 대회와 시합이 선수의 미래를 위해 어떤 작용을 하는지 그리고 그것을 준비하는 과정에서 어떤 의미를 가지는지 파악하고 있는지가 중요하다. 이것이 선수에게 잘 전달되어야 함은 물론이다. 따라서 선수 입장에서 볼 때, 내가 지금 이 지도자와 하고 있는 운동을 다른 지도자와 한다 하더라도 이만큼 힘들 것이며 그 효과 역시 비슷할 거라는 생각이 들면, 이는 적절한 방법의 훈련이라 할 수 있다. 객관적인 방법으로 객관적인 강도의 운동을 하고 있는 것이다.

경기에 참여할 때 선수들은 철저히 혼자가 된다. 훈련할 때는 동료들과 감독, 코치의 지시에 따라 움직이지만 경기를 할 때는 자신의 판단 아래 움직여야 한다. 경기 중간에 주어지는 작전 시간이 있기는 하지만 승패가 걸려 있는 급박한 상황에서 감독의 지시를 받고 움직일 수 있는 가능성은 그리 많지 않다. 결국 훈련을 통해 쌓아올린 실력을 발휘해야 한다. 감독의 지휘 아래 움직였던 의존성을 버리고 독립성을 찾아야 하는 것이다.

인생의 주도권 되찾기

자율성이 부족한 사람일수록 타인에게 의존하는 경향이 높다. 이들은 타인의 통제권 아래 안정을 얻는 대신 타인의 욕망을 실현하는 주체로 활동한다. 일종의 협상을 맺는 것이다. 그러나 다른 사람 때문에 늘 좌지우지되는 삶이 행복할 리 없다. 내 인생에서 내가 '갑'이 아니라 '을'의 입장에 있는 것이다.

그렇다면 자기 인생의 주체가 되려면 어떻게 해야 할까? 무엇보다도 '타인에게 의존하는 삶이 예상외로 안전하지 않다'는 사실을 깨달아야 한다.

타인에게 의존하는 삶이란 마치 어린아이가 엄마 품에 안겨 모든 것을 제공받기를 바라는 삶과 같다. 하지만 아무리 애정이 넘치는 엄마라 해도 아이와 엄마는 별개의 인격체다. 다시 말해 이원적 관계인 것이다. 이런 관계는 초기에는 안정감을 주지만 이원적 관계라는 한계성 때문에 오래가지 못한다.

이런 상황이 계속되다 보면 아이는 분노와 공포를 느끼는 상태까지 나아가게 된다. '엄마와도 이렇게 불편한 일이 자주 생기는데 다른 사람들이라면 더 심하겠지? 어쩌면 나를 받아주지 않을지도 몰라. 그들에게 거절당하면 어쩌지?' 하는 두려움으로 확대되는 것이다.

누군가에게 예속되어 있을 때 오는 불편함은 그 예속으로부터 벗어나야 한다는 경고와도 같다. 이러한 신호는 독립된 삶을 시작했을 때 오는 공포와 맞서 싸운다.

다음으로 독립성을 회복한다는 것이 어떤 의미인지 정확히 알아야 한다. 독립성은 뭐든지 혼자 해내는 능력이 아니다. 심리학에서 말하는 독립성이란, 내 안에 자리하고 있는 대상과 긍정적 혹은 부정적 사건을 경험하면서 선별적으로 대상을 내재화하는 것을 의미한다.

선별적으로 대상을 내재화할 수 있게 되면, 대상에 대한 경험과 관계만을 남겨두고 의존했던 대상으로부터 독립이 이루어진다. 무기력증을 '엄마의 자국에 중독된 상태'라고 설명하기도 한다. 대상에 중독되어 무기력해진 사람들의 공통적인 특징은 머리끝부터 발끝까지 상대가 받아주지 않으면 극도의 불안 증세를 보인다는 점이다.

공항에서 관제사로 일하는 30대 후반의 남성이 상담을 요청한 적이 있다. 그는 자신이 직장에서 자리 잡을 수 있도록 도와준 선배가 이민을 가는 것 때문에 몹시 힘들어했다. 그 선배가 있었기에 관제사로서의 일도 무리 없이 해냈는데 이제 선배가 떠난다고 하니 불안감이 극도로 높아진 것이다. 더구나 그는 선배가 이민이라는 중대사를 결정할 때 자신과 한마디 상의도 없었다는 사실에 큰 충격을 받은 상태였다. 처음에는 '선배에게 내 의견은 중요하지 않았구나. 결국 이렇게 각자 자기 인생을 사는 건가?' 하는 생각이 들었다고 한다.

그로서는 선배에 대한 의존성이 한꺼번에 무너지는 순간이었던 것이다. 나는 이때를 그 선배에게서 독립할 수 있는 설호의 기회를 삼아야 한다고 그에게 조언했다. 타인에게서 독립해야 더 이상 상처받지 않는 삶을 살 수 있다.

마지막으로 자기 인생의 주체가 되려면 독립의 시도를 방해하는 사람과는 물리적인 거리를 둬야 한다. 독립을 하고 싶어도 막상 실천에 옮기지 못하는 가장 큰 이유는 그 사람의 독립을 원하지 않는 상대방 때문이다. 어렸을 때는 부모가 그랬고, 커서는 또래 친구나 직장 상사와 같은 대상들이 그 역할을 한다.

이들은 대상을 물심양면으로 보살피며 그 대가로 자존감을 보상받는다. 그런데 어느 날 갑자기 자기 품속에 있던 대상이 독립을 한다고 하니 패닉 상태에 빠질 수밖에 없다. 보살핌을 원하는 사람만큼 보살핌을 주는 사람 또한 대상에 의존하고 있었던 것이다.

그들은 대부분 "내가 널 어떻게 키웠는데!" "다른 사람도 아니고 네가 나한테 어떻게 이럴 수 있어"라며 감정적인 협박까지 한다. 상황이 이렇게 확대되면 그 사람에게서 빠져나오기 힘들다.

이런 상황을 미리 방지하기 위해서는 의존적인 사람들과 점진적으로 물리적 거리를 두는 것이 좋다. 만남의 횟수를 줄이고, 가끔 만나더라도 '당신만 한 사람이 없다'는 사실을 주지시켜 상대가 안정을 찾도록 도와주어야 한다.

무엇보다 가장 중요한 것은 상대에 대한 배려가 아니라 '이제 난 혼자서도 충분히 살아갈 수 있다'는 의지를 갖는 일이다.

경쟁과 비교 사이

비교를 멈추지 못하는 사람들

20대 후반의 한 직장인이 신입사원 때문에 극심한 스트레스를 받고 있다며 나를 찾아왔다.

"후배가 새로 들어왔는데 한눈에 봐도 예쁘고 화려한 외모를 가진 친구예요. 그런데 갓 들어온 신입이면서 지각도 자주 하고 힘든 상황에선 항상 잘도 빠져나가요. 가만 보면 자기 외모를 믿고 그러는 것 같아 얄밉더라고요.

그런데 동료들이나 상사는 무조건 그 친구를 두둔하고 챙겨주는 거예요. 저는 지금까지 그 많은 양의 업무를 한마디 불평도 없이 묵묵히 해왔는데 어떻게 이럴 수 있죠? 어떨 때는 정말 '치사하게 이렇게 살아야 하나? 확 성형수술이나 해버려?' 하는 생각이 들어요."

　진료실을 찾는 사람 중에는 이 여성처럼 자신을 남과 비교하면서 괴로워하는 사람들이 꽤 많다. 겉으로는 짐짓 태연한 척하지만 정작 마음속으로는 끊임없이 비교하는 일을 멈추지 못하고 힘들어한다. 그런데 이들의 이야기를 들어보면 대부분 말도 안 되는 비교를 하는 경우가 많다.

　나는 이 여성과 면담을 하면서 그녀가 자신의 생각을 너무 직선적으로 표현하는 습관이 있다는 걸 알게 되었다. 동료들이 신입사원만 편애하고 그녀에게 무관심한 것이 아니라 그녀의 직접적인 표현 때문에 다들 그녀를 피하고 있는 것이었다.

　나는 이 여성에게 생각을 최대한 간접적으로 표현할 것을 권하면서, 다른 사람의 이야기를 많이 들어주고 받아들이며 몇 개월 동안 대인관계에 각별히 신경을 써보라고 제안했다. 그 후 그녀는 변하기 시작했다. 그리고 대인관계의 기술이나 대화법에 관심을 갖기 시작했다. 당연히 신입사원을 대하는 태도도 편해지면서 피해의식과 스트레스에서 벗어날 수 있었다.

　운동선수들도 비교 대상을 어디에 두느냐에 따라, 비교가 수행 능력에 방해가 되기도 하고 도움이 되기도 한다. 야구에서는 발 빠른 타자가 힘센 타자의 홈런 개수를 부러워하는 경우가 종종 있다. 축구에서는 최종 수비수가 공격 포인트에 욕심내고 그것을 타인과 비교하는 일도 많다.

이런 선수들과 상담할 때 나는 다음과 같은 질문을 던진다. "왜 내 것은 안 챙기고 남의 것만 열심히 챙기세요?" 그러면 사람들은 눈이 휘둥그레진다.

비교나 질투에 대해 잘 생각해보자. 상대의 재능이나 가치는 애초부터 내 것이 아니다. 내가 아무리 상대를 미워하고 증오해도 상대의 자원이 줄어들 리 없다. 타인의 인생을 바꿀 수 있는 전지전능한 능력이 우리에게는 없다.

자신의 기량과 발전 가능한 역량이 무엇인지, 어디에 중점을 두고 노력해야 하는지 아는 것은 매우 중요하다. 제대로 된 비교는 자신의 역량을 정확히 파악하는 데서 출발한다.

모든 것을 다 갖고 싶은 사람은 아무것도 갖고 싶지 않은 사람과 다름없다. 무언가를 갖고 싶다는 욕망의 '주어'를 구체적으로 정해보자.

경쟁은 필연적이다

인간이 무언가를 얻고자 하는 한, 경쟁은 필연적이다. 경쟁에 대해 좀 더 알아보자. 가장 경쟁이 치열하다 할 수 있는 미국 프로 스포츠 무대에서 뛰는 선수들에게 경쟁의 이유를 물었더니 크게 다음과 같은 세 가지 답이 나왔다. 첫째 생존을 위해서, 둘째 다른 사람의 존경과 관심을 받기 위해서, 셋째 나의 발전을 위해서.

첫 번째 이유는 어찌 보면 인간의 가장 기본적인 본능 충족과 관련이 있다. 본능이란 논리적인 이유 없이, 그냥 내가 느끼고 필요한 것이다. 이는 실제로 정말 많은 운동선수들이 경쟁을 하는 이유이기도 하다. 특히 미국보다 경제 규모가 작은 나라에서 온 선수들은 미국 프로 스포츠에서 번 돈을 가지고, 자기 자신은 물론 가족, 심지어는 자기 마을 사람들이 먹고 산다는 과장 섞인 이야기가 있다.

두 번째, 다른 사람의 존경과 관심을 받기 위해서라는 이유는 명예와 관련된 것이다. 명예와 권력 추구도 인간의 본능 중 하나다. 제대로 된 권력은 나는 물론, 다른 사람까지도 잘살게 만든다. 그래서 다른 사람이 나를 좋아하게 된다. 이를 존경이라 한다.

세 번째 이유는 나의 도전과 한계를 시험하고, 그것을 이루어낼 때 얻는 즐거움을 위해서다. 우리는 무언가를 이루기 위해 목표를 설정하고, 실패도 경험하며, 실패를 발판 삼아 그다음 목표를 이룬다.

내가 만난 선수 중, 경쟁 방법을 잘 아는 선수 중에 한 명이 김아랑 선수이다. 옆에서 지켜본 바로는 경쟁 과정에서 끊임없이 도전하면서, 주위 동료나 후배들과 도움을 주고 받는다. 김 선수는 주변 선수들과 도움을 주고 받을 때, 우선은 본인이 잘하려고 한다. 내가 기록이 조금이라도 앞서고 등수가 조금이라도 앞설 때, 나보다 수행 능력이 떨어지는 선수를 돕는 것이다. 일단 내가 잘해야 다른 선수가 내 권유를 믿는다. 그렇지 않으면 다른 선수가 나를 믿지 못해 내가 아무리 좋은 의도를 가지고 좋은 이야기를 한다 하더라도 그것이 잘 받아들여지지 않기 때문이다. 이는 많은 엘리트 선수들이 보이는 공통점이다.

　또한 김 선수는 목표를 세울 때 방향성이 있다. 자신이 그 방향성을 잘 알 수 없을 때는 주위에 묻는다. 그 주위 사람 중에 나 같은 심리 전문가도 포함되어 있다. 그리고 그 목표와 방향성에 의미를 부여한다. 가끔은 그 의미를 두고 지나친 고민을 하기도 하지만, 의미가 확실해지면 연습과 훈련에 몰두한다. 그래서 김아랑 선수와 많은 이야기를 나누어왔지만, "훈련이 힘들다"는 말은 들어봤어도, "제가 이 훈련을 왜 하는 거죠?"라는 말은 못 들어본 것 같다.

건강한 비교를 활용하라

사회적 동물인 인간은 자연스럽게 남과 비교를 하면서 살아갈 수밖에 없다. 우리 삶에서 비교나 질투 그 자체는 문제가 아니다. 비교와 질투를 어떻게 나에게 유리하게 사용하느냐가 중요하다. 나를 발전하게 하는 '건강한 비교'는 시기심과 다르다.

시기심은 상대의 재능, 가치, 욕망을 파괴하고 싶어 하는 정서적 폭력일 뿐이다. 이는 자기 자신에게도 전혀 도움이 되지 않는다. 반면 내가 원하는 목표를 먼저 달성한 선배나 상사가 있다면 그를 내 멘토로 정하는 것도 좋은 방법이다. 이렇게 하면 상대의 재능이나 실력을 닮으려는 노력을 기울이게 된다.

"저 사람이 저렇게 연습해 좋은 경기를 펼쳤구나. 나도 체계적으로 연습량을 조절해야겠어."

"김 과장은 메모하는 습관 덕분에 핵심을 잘 짚어내는 것 같아. 나도 그런 습관을 길러야지."

상대의 장점을 시기하지 않고 건강한 비교를 통해 인정하면 어느 순간 상대를 닮고자 하는 자신의 모습을 보게 될 것이다.

그렇기 때문에 "부러우면 지는 거다"라는 말은 틀렸다.

나는 반대로 말하고 싶다. "안 부러우면 지는 거다." 타인을 부러워하지 않는 것은 욕망이 없거나 자신보다 못한 사람들 하고만 관계를 맺으며 우물 안 개구리로 살고 있다는 방증이다.

부러움은 더 큰 세상, 새로운 기회를 열어줄 원동력이 된다는 점에서 곁에 두어야 할 중요한 심리적 자원이다. 특히 스포츠 선수들에게 "부러우면 지는 것"이라는 말은 현실적이지 않다. 이들이 경기에서 죽을힘을 다해 뛰는 이유는 건강한 질투, 즉 부러움이 있기 때문이다. 부러움은 라이벌의 노력과 경기력을 질투하면서 자신의 역량을 높일 동기를 만들어주는 아름다운 자극제다.

부러움, 나아가 견제에 대한 김아랑 선수의 생각을 들어보자. "솔직히 말하면 저는 시합 때 누가 절 견제한다고 하면 기분이 좋아요. 제가 잘하니까 경쟁 의식을 느끼는 거잖아요. 그런데 아무도 신경 쓰지 않는다? 그러면 자존심 상해서 혼자 씩씩대고 '왜 나를 신경 안 써? 나 열심히 해야겠는데!' 막 이런 생각이 들더라고요."

피할 수 없는 경쟁에서 우리가 배워야 할 것

경쟁을 통해 무언가를 얻는 사람이 있으면 못 얻는 사람이 있고, 자기 것을 뺏기는 사람도 있다. 이때 내게 없는 것을 받아들이거나, 정말 나에게 꼭 필요한 것이라면 그것을 얻은 사람과의 협상을 통해 나의 필요를 어느 정도 만족시킨다. 이런 과정을 통해서 내가 승리하고 무엇인가를 얻었을 때에도 언젠가는 내가 얻지 못할 때가 있고 내 것을 뺏길 수도 있다는 통합적인 관점을 가지게 된다. 이 통합적인 관점이 승자의 여유 혹은 패자에 대한 배려의 일부가 될 수 있다.

협상을 해도 얻을 수 없고, 협상의 여지도 없는 경우에는 다음 경쟁을 위해 견뎌내야 한다. 자기를 단련시키든 패배에 대한 슬픔을 곱씹으며 아픈 감정을 느끼든, 시간이 흘러 이런 감정이 무뎌지고 새로운 각오와 실행을 위한 용기가 생길 때까지 견디면서 내면의 힘을 기르는 것이다. 또 실패나 패배가 견디기 힘들면, 때로는 피할 줄도 알아야 한다. 돌이킬 수 없는 자해나 포기 등의 파멸이 아닌, 더 멀리 뛰기 위한 쉼 혹은 움츠림이 그것이다. 이렇듯 우리 인간은 경쟁을 통해 협상과 받아들임, 통합적인 관점, 견뎌냄과 회피를 배우게 된다.

경쟁에서는 범위를 정하는 것도 중요하다. 경쟁의 범위를 정하기 위해서는 자신의 한계를 알아야 한다. 의식적으로는 나의 한계를 알기 어렵다. 무의식 속에 숨어 있는 나의 한계, '잠재 능력'을 스스로 파악하기란 어렵다는 말이다. 미국의 스포츠 심리학자 톰 핸슨Tom Hanson은 자신이 가지고 있는 잠재 능력에서 부담감을 빼면 그것이 현재 나타나는 나의 수행 능력이라고 했다.

중요한 일을 앞두고, '부담감을 많이 느낀다' 혹은 '너무 떨린다'고 하는 사람들이 많다. 이들에게 부담감을 '어떻게 느끼고 있냐'고 물어보면, '모르겠다'고 답하는 경우가 대다수다. '그냥 결과가 나쁠 것 같다' '못할 것 같다' '평소 실력을 못 보여줄 것 같다' 등의 부정적인 결과만을 이야기하고, 현재 나의 상태를 표현하지 못하는 경우가 많은 것이다.

그래서 자신의 '어떤 상태'가 부담감과 관련이 있는지 아는 것은 매우 중요하다. 무엇보다 우유부단해지면 생각이 많아진다. 그래서 계획된 생각이나 행동보다는 충동적 사고나 행동이 많이 나온다. 그러다 보면 실수가 잦아지고 부주의해지며, 감정적으로 일을 처리하게 된다. 또한 눈에 띄게 행동이 자꾸 위축되며, 말수도 적어진다. 의욕이 떨어지고 불안감이 커지며 수면이 불규칙해지고, 다른 동료들과의 갈등이 점점 증가하기도 한다.

이와 같은 행동이나 상황들이 발생하면 내가 부담감을 얼마나 느끼는지 확인할 수 있는 척도가 된다. 내가 부담감을 얼마나 느끼는지 제대로 알고 있는 것만으로도 잠재 능력을 방해하는 부담감을 조금이라도 줄일 수 있다.

✺ 프로라면 자기 데이터까지 관리하라 ✺

스포츠신문을 보면 '김○○ 4억 계약, 7년 차 최고 연봉' '박○○, 연봉 5천만 원 삭감'과 같은 헤드라인을 자주 접하게 된다. 야구선수들의 몸값에 관한 기사는 스토브리그 때 자주 나온다. 스토브리그란 프로야구에서 겨울철에 각 구단이 팀의 전력 강화를 위해 선수들과 연봉 협상을 벌이거나 혹은 스카우트 시장에 뛰어드는 시기를 말한다.

각 구단으로부터 지명을 받는 신인 선수들은 스토브리그를 통해 무서울 정도로 냉정하게 평가받는다. 지명 순위와 계약금 순위로 몸값이 매겨져 선수들끼리 희비가 엇갈리곤 한다. 몇 년간의 선수생활을 종합해 평가받는 자유 계약 때는 이런 현상이 더 심하다.

대부분의 직장인들은 회사와 연봉 협상을 벌일 때 적극적으로 나서지 못한다. 우리가 누군가와 협상을 벌일 때 이견을 제시하지 못하는 이유는 상대의 의견에 100퍼센트 공감하기 때문이 아니다. 내 쪽에서 반박할 만한 분명한 자료가 없기 때문이다.

스타급 선수들은 구단과의 협상에서 절대 손해를 보지 않는다.

경기를 잘하는 일 못지않게 기록을 관리하는 일에도 열심이기 때문이다. 득점이나 홈런을 기록으로 잘 남겼다가 연봉 협상 때 활용한다.

선수는 타율, 출루율, 도루, 장타율 등 개인의 능력을 수치로 측정할 수 있다. 훌륭한 선수들은 평소 자신의 경기에 대한 피드백을 챙기는 일에도 최선을 다한다. 이들은 성적이 좋을 때든 나쁠 때든 자신을 돌아보고 연구하고 미래를 설계해나간다. 오늘의 실점이나 파울을 '잊고 싶은 기억'이 아닌 '미래 설계에 필요한 기록'으로 남겨 발전의 원동력으로 삼는다. 이렇게 매일 자기 데이터를 관리하면서 스스로를 채찍질한 선수들은 노력한 만큼 좋은 결과를 얻게 되고 그 결과 스토브리그를 느긋하게 보낸다.

경쟁이 치열한 프로의 세계에서 뛰는 사람이라면 자신의 능력을 한눈에 보여줄 수 있는 '데이터 관리'까지 충실해야 한다. 그것도 프로의 역할이다. 요즘처럼 급변하는 사회에서는 회사도 모든 사람의 성과와 기록을 일일이 체크할 만한 여유가 없다. 연봉 협상 등의 중요한 순간에 당황하지 않으려면 하루하루 자기 데이터를 관리해나가는 스포츠 선수들의 프로의식을 벤치마킹할 필요가 있다.

과거에서 벗어나라

누구에게나 전성기가 있었다

"저도 잘나갈 때가 있었죠. 그때는 아무 걱정이 없었어요. 그런데 지금은 경기에 나갈 때마다 걱정이 너무 많아요. 제대로 실력 발휘가 안 되면 어쩌나 불안하고 자신감이 없어요."

이러한 고민은 운동선수들만의 것이 아니다. 왕년에 반장, 줄반장을 안 해본 사람이 어디 있으며, 동네에서 수재라는 소리를 안 들어본 사람이 어디 있겠는가. 하지만 지금은 자신감은커녕 존재감조차도 느끼기 힘들고 하루하루 꾸역꾸역 살아가는 이들이 많다.

50대 초반에 접어든 상진 씨는 외국계 기업에서 부장까지 하고 최근 명예퇴직을 신청했다. 물론 가족과 협의해 내린 결정이지만 퇴직을 한 달여 앞둔 시점에서 그의 마음은 하루에도 열두 번씩 왔다 갔다 한다.

"오전에는 밀물처럼 우울한 감정이 올라오다, 점심때가 되면 썰물처럼 사라져요. 저도 한때는 잘나갔는데, 어쩌다가 이런 신세가 된 건지…."

상진 씨를 가장 괴롭히는 것은 출근 시간이다. 직장인들에게 출근은 하루를 시작하는 일종의 의식이다. 이 의식이 사라지면 하루를 어떻게 시작해야 할지 상진 씨는 답답했다. 자신의 삶이 하루아침에 '완벽한 세팅'에서 '미해결 과제'로 전락된 것처럼 느껴졌다. 퇴직을 결정한 뒤 상진 씨의 세상은 온통 회색빛으로 변했다.

이런 사람들의 특징 가운데 하나는 관심의 초점이 과거 전성기에 머물러 있다는 점이다. 자신의 존재가 빛났던 시절에 집착하는 사고의 특징을 '고착 현상'이라고 한다. 고착fixation은 스트레스에 부딪힐 때 인격 발달 과정이 중단되는 상태를 말한다. 세월이 지나고 경험이 쌓이면서 각 단계별로 인격이 발달해야 하는데 그렇지 못하고 한곳에 머물러 있는 것이다.

관중에게 환호와 갈채를 받았던 선수들, 회사에서 승승

장구하며 능력을 인정받았던 직장인들, 사업이 잘돼 남부러울 것 없이 살았던 사람들은 필요할 때마다 과거를 꺼내보는 습관이 있다. 전성기를 회상함으로써 고단한 현실을 잊고자 하는 것이다. 그러나 이러한 습관이 현실의 문제를 해결해주는 것은 아니다. 위로가 되어도 잠시뿐이다.

중년에 허무함과 박탈감을 느끼는 이유

중국의 고전 《회남자淮南子》를 보면 '시령時令'이라는 삶의 방식이 나온다. 봄에 자연이 기지개를 켜고 겨울에는 만물이 겨울잠을 자듯, 인간의 삶도 사계와 순리에 따라야 한다는 것이다. '하늘의 법'을 중시하는 전통적 세계관에 비춰보면 매우 실용적인 삶의 방식이라 할 수 있다.

오늘날을 가리켜 '청춘이 연장된 시대'라고 한다. 예전에 50대는 노년기의 시작으로 봤으나 평균수명 100세 시대에 50대는 인생의 후반전이 시작되는 시기로 통한다. 그럼에도 불구하고 40대만 되어도 은퇴 불안감에 시달리고, 고령자에 대한 사회적 무관심이 개선되지 않는 상황도 엄연한 우리의 현실이다.

'에이지즘ageism'이라는 말이 있다. 나이 든 사람은 젊은 사람에 비해 신체적·지적 능력이 떨어진다는 개념이 담겨 있는 말이다. 여기서 '능력'이란 곧 생산성을 의미한다.

인생에서 중년기는 생산성에 총력을 기울이는 시기다. 가정에서는 자녀를 키우고, 사회에서는 다음 세대를 지도하며 사회 발전에 힘씀으로써 자아존중감이 가장 높아지는 시기라 할 수 있다. 바꿔 말하면 중년기를 지나 생산성이 떨어지는 시기(50~60대)에 접어들면 "내 시대는 이제 끝났구나" 하는 무력감에 빠지기 쉽다. 그래서 사람들은 은퇴 시기에 이르면 극도의 불안감에 휩싸인다.

간혹 '뇌 기능이 40~60대에 최고 경지에 이른다' '정보 처리 능력은 50대가 최고다'라는 뉴스를 접하기도 한다. 얼핏 에이지즘에 반대되는 말처럼 들리지만, 자세히 들여다보면 이러한 주장들도 결국 생산성을 중시하고 있다.

에릭 에릭슨은 인간 발달을 8단계로 나누고 나이에 맞는 과제를 제시했다. 기본적인 신뢰감과 불안감의 단계(0~1세, 1단계), 자율성과 수치심의 단계(1~3세, 2단계), 주도성과 죄책감의 단계(3~5세, 3단계), 근면성과 열등감의 단계(5~12세, 4단계), 정체성과 정체성 혼미의 단계(청소년기, 5단계), 친밀감과 고립감의 단계(청년기, 6단계), 생산성과 침체성 단계(장년기, 7단계), 통합성과 절망감의 단계(노년기, 8단계)가 바로 그것이다.[12]

에릭슨은 이처럼 인간이 연령대별로 그에 적합한 과제를 이루고 성공을 거뒀을 때 비로소 안정되고 완성된다고 했다. 그는 청소년이 죽음을 준비하는 절망감을 파고드는 것은 적절하지 않고, 생산성을 고민해야 하는 장년이 주도성과 죄책감의 문제를 고민하는 것도 좋지 않다고 봤다.

이처럼 인생의 각 단계별로 적합한 과제를 완성해감으로써 에이지즘이라는 차별적 인식을 해결해가는 것이 바람직하다. 그러지 않고 청년기와 장년기를 거치며 생산성에만 몰두해 있다가 노년기를 미처 준비하지 못한 사람들은 세월에 떠밀려 살았다는 허무함과 박탈감 속에 머물 수밖에 없다.

예전만 못한 자기 자신 받아들이기

20대 초반에 시속 150킬로미터의 강속구를 던지던 투수 A와, 늘 홈런왕과 타점왕 후보에 거론되던 전설의 강타자 B가 각각 30대 후반에 접어들었다.

투수 A는 30대가 되어서도 여전히 팀의 에이스였다. 그는 빠른 공을 고집하지 않았다. 타자와의 힘 싸움이 아닌 수읽기를 즐겼고, 수년 동안 차근차근 익힌 다양한 변화구를 구사했다.

반면에 타자 B는 20대 때의 배트 스피드와 힘을 유지하기 위해 매일 새벽 한두 시까지 연습을 게을리하지 않았다. 연습하면서 너무 힘을 빼서인지 정작 시합이 있을 때는 스윙이 느렸다. 실력을 유지하기 위한 B의 연습은 그렇게 자신의 의지와는 다르게 시합에 나쁜 영향을 주었다. 결국 그는 안타 한 번 제대로 못 치고 쓸쓸히 은퇴했다.

대다수 운동선수들은 타자 B처럼 체력이 떨어지면 조급증이 생기고 불안감이 심해진다. 이럴 때는 자신의 신체적 능력을 객관적으로 판단해보는 것이 좋다. 하지만 선수들은 보통 무리한 연습으로 자신을 소모하는 방법을 택한다. 아직 자신의 체력이 예전보다 떨어졌다는 사실을 인정할 수 없기 때문이다. 이는 곧 선수로서의 생명이 다했다는 것을 의미하는 일이기도 하다.

그러나 계속 자신의 현재 상태를 인정하지 못하는 것은 문제가 있다. 무리하게 연습을 하다 보면 체력 소모가 클 뿐 아니라 비현실적인 목표에서 벗어나지 못해 감정 소모도 크기 때문이다.

정신분석학에서는 이런 상태를 '감정적 사고'로 설명한다. 감정적 사고란 객관적인 사실이나 논리에 근거하지 않고 감정적으로 추론하거나 결론을 내리는 것을 일컫는다. '나는 충분히 20대처럼 기량을 회복할 수 있어'라는 타자 B의 자신감은 어디까지나 감정에 의한 자신의 간절한 바람일 뿐이다.

이처럼 판단의 근거가 객관성이 아닌 주관성에서 비롯되는 감정적 사고는 문제 해결에 걸림돌로 작용하게 된다. 이럴 때는 자신의 현재 상태를 겸허하게 받아들이고 현재 상황에 적합한 이점을 최대한 활용하는 전략으로 선회하는 것이 현명하다.

실제로 나이 든 선수들이 20대 초반 선수들을 당당히 상대하는 경우가 있는데, 이는 노장 선수들의 큰 재산이라 할 수 있는 경험과 연륜이 바탕이 된 결과다. 훌륭한 선수일수록 경험과 연륜을 소중히 여기고 이용할 줄 안다. 연륜을 바탕으로 일의 결과가 어떻게 나올지 예측할 수 있기 때문에 과정과 동기가 더욱 강화되는 것이다.

시즌제로 치러지는 프로 경기에서는 학교를 갓 졸업하고 들어온 신인 선수들이 시즌 중에 기존 프로 선수들의 성적을 따라잡기가 참 어렵다. 시즌을 시작하기 전 스프링 캠프나 썸머 캠프를 어떻게 준비하느냐에 따라, 시즌 전체의 계획이 서기 때문이다. 또 신인 선수들은 시즌 중간에 떨어진 체력을 어떤 식으로 보충해야 하는지, 시즌 중 슬럼프에 빠졌을 때 이것이 신체적인 문제인지 아니면 심리적인 문제인지에 대한 판단도 어렵다. 하지만 시즌을 10~15년 지낸 선수들은 여유가 있다. 이미 시행착오를 겪어봤기 때문이다. 이들은 스프링 캠프 때 이전 시즌에 자신이 부족했던 부분을 더 열심히 보충한다. 그래서 최상의 결과를 내기 위한 준비 과정으로써 스프링 캠프를 중요시하는 것이고, 이 과정에 따른 결과를 미리 예측할 수 있기 때문에 참여 동기가 더욱 높은 것이다.

B급 선수는 이전 시즌에 자신이 잘했다면, 그 잘한 것에 만족하고 이를 유지하려고만 한다. 허나 A급 선수는 이전 시즌에 자신이 왜 잘하게 되었는지, 시즌 전과 시즌 중의 자신의 관리 시스템에 대해 복습한다. 과거의 경험을 바탕으로 미래에 어떤 상황이 벌어질지 미리 알고 있는 선수는 불안감이 줄고, 그만큼 능률은 오르게 된다. 이런 선수들은 나이 들어 체력이 떨어졌다는 사실을 기꺼이 받아들일 줄 안다.

김아랑 선수는 스물여섯 살을 기점으로 체력이 전과 같지 않음을 느꼈다. 예전 영상도 다시 찾아보며 여러 방식으로 노력했지만, 그때의 그 체력과 퍼포먼스가 나오지 않았다. 그러다 과거만 좇다가는 스스로를 망치는 길이 될 수 있음을 깨았다. 그리고 '지금부터는 내가 할 수 있는 것, 내가 가지고 있는 것을 더 단단하게 만들자'고 생각했다. "경험이 쌓일수록 실수를 줄일 수 있어요. 실수만 줄여도 할 수 있는 게 많아요. 제 퍼포먼스를 정직하게 가져올 수 있죠."

그렇기 때문에 김아랑 선수는 예전처럼 훈련을 소화하지 못하더라도 불안해하지 않는다. 현재는 운동을 오래 더 잘하고 싶어서 부상도 더 조심하는 등, 자신의 몸을 들여다보면서 훈련에 임하고 있다.

긍정적인 사람들은 자신의 전성기를 그리워하더라도 과거를 현재로 가져오지 않는다. 그때 잘한 것은 그때의 일이다. 대신 지금은 다른 면 때문에 잘한다는 합당한 근거를 찾아낸다. 그러면서 이를 믿고 또 그렇게 되기 위해 노력한다. 김아랑 선수 식으로 이야기하면 '나는 경험이 많으니까 전보다 긴장도 덜할 거고 대처도 더 잘할 수 있을 거야' 하는 것이다. 예전처럼 힘이 좋고, 지구력이 좋은 '20대 초반의 김아랑'이 아니라, 경험이 많아서 경기의 운영을 즐기는 '지금의 김아랑'이 된 것이다. 긍정적인 사람들은 초점을 과거가 아닌 현재에 맞출 줄 안다.

"무조건 긍정적인 사람이 돼라"고 충고하고 싶지는 않다. 다만 긍정적인 사람의 사고방식과 그러한 사고방식이 왜 좋은 결과를 만들어내는지는 알아야 한다. 인생을 어느 정도 살았으면 놓을 땐 놓고 붙들 땐 붙들어야 기회도 빨리 얻을 수 있다는 걸 알 것이다. 과거에 얽매이는 습관은 진화의 본성에도 역행하는 행위다.

목표를 잃고 무기력하다면

한 50대 중반의 여성이 나를 찾아와 초췌한 얼굴로 이렇게 말했다.

"저는 딱히 고민거리가 없어요. 그런데 왜 이렇게 우울하죠? 사람들은 저한테 배부른 소리 그만하라고 해요. 큰아이는 의대 다니고 둘째도 명문대 법학과에 들어갔는데 도대체 뭐가 걱정이냐는 거죠. 지난 6년 동안 꼬박 아이들 뒷바라지만 하고 살다가, 입시만 끝나면 마음도 편해지고 내 세상이 될 줄 알았는데 막상 닥치니 그렇지 않네요. 이제 뭘 해야 할지 모르겠어요."

40대 후반에서 50대 초반의 여성들 가운데 이런 우울증을 호소하는 경우가 꽤 많다. 이들은 한목소리로 자녀들을 대학에 보낸 뒤 "뭘 해야 할지 목표를 잃었다"고 말한다. 이는 자기 자신을 '자식 대학 보내는 사람'으로 명명하고 십수 년을 살아왔다는 뜻이다. 그렇게 살다 보니 무슨 일이든 자녀들을 챙기는 것만큼 의미가 있지도 않고 하찮게 여겨져 자꾸 무력감에 빠지는 것이다.

무력감을 뜻하는 영어 단어 중에 'helpless'가 있다. '도와주는help' 삶이 '없어진다less'라는 의미의 단어 조합만 보더라도 무력감은 과업의 소멸에서 비롯된 것임을 짐작할 수 있다.

같은 이유로 우울증을 앓던 한 중년 여성이 있다. 언제부터인가 상담하러 오지 않기에 안부를 물었더니 서예에 푹 빠졌다고 했다. 그녀는 결혼 전부터 서예를 배우고 싶었지만 그동안 자녀들을 뒷바라지하느라 여유가 없었다. 그러다 최근 친구의 전시회를 보고 와서는 자녀들이 결혼할 때 직접 붓글씨를 쓴 병풍을 선물로 주고 싶다는 목표를 갖게 됐다고 한다. 얼마나 멋진 꿈인가.

자식 잘되길 바라는 것이 모든 부모의 마음이라지만 인생의 어느 시점이 되면 자식도 성인이 되어 더 이상 부모의 손이 필요 없어진다. 그 시기를 무엇으로 채울 것인지 미리 준비해놓아야 노년의 삶이 우울해지지 않는다.

금메달을 딴 선수들도 비슷한 우울감에 빠지는 경우가 있다. 고된 훈련을 통해 그토록 원하던 금메달을 목에 걸었는데, 그 후에 갑자기 목표가 사라진 듯하면서 우울해진다는 것이다. 심지어는 다음 대회나 경기를 생각해도 좀처럼 의욕이 생기지 않는다고 한다. 오랜 시간 '금메달을 따기 위한 선수'로만 살았기 때문이다.

목표는 정체성과 조력 관계에 있다. 목표는 정체성을 유지하게 해주고 정체성은 목표를 강화해준다. 제대로 의식하지 못하지만 우리는 목표를 이루는 과정 속에서 삶을 채워나간다. 하나하나 배워나가는 즐거움을 경험하고 목표를 이뤘다는 뿌듯함을 느끼며 그 속에서 존재의 의미를 확인한다. 목표가 없어지면 우리의 삶은 힘없이 주저앉고 만다.

스타 선수들은 이러한 무기력증을 예방하기 위해 '나는 ○○ 종목의 선수'라는 정체성을 만들어 운동하는 것을 즐긴다. 때로 관중의 환호를 마음껏 느끼고, 때로 자신의 기량이 성장하는 것에서 기쁨을 얻는다. 같이 운동하는 동료들과의 관계에서도 즐거움을 찾을 수 있다. 경기 성적도 중요하지만, 운동 과정에서 경험하게 되는 모든 상황에서 관계를 통해 활력을 얻는 것이 그래서 중요하다.

피겨스케이팅선수로 최정상에 선 김연아도 새로운 목표가 없었다면 '올림픽 금메달을 딴 김연아'에 머물렀을 것이다. 하지만 그녀에게 금메달은 수많은 목표 가운데 하나일 뿐이었다. 그녀가 당당하게 "피겨스케이팅을 즐기고 싶다"고 이야기할 수 있었던 것은 금메달이라는 한 가지 목표에 매달리는 선수생활이 자신의 삶을 얼마나 단조롭게 하고 부담감을 지우는지 일찍 깨달았기 때문이다.

행복해지고 싶다면 성공을 위해 앞만 보고 질주하기보다는 균형 있는 삶의 내용에 집중해야 한다. 성공의 방향은 대개 일직선이다. 그래야 고지에 빨리 오를 수 있기 때문이다. 하지만 일직선으로 달려 성공을 이룬 사람들은 이후 방향이 조금만 틀어져도 혼란에 빠지게 된다. '이게 뭐지? 한눈팔지 않고 여기까지 올라왔는데 이제는 내려갈 일만 남았잖아?' 하는 허탈감이 밀려오는 것이다.

하나의 목표에 매달리는 사람은 오로지 그것 하나만 보고 있기 때문에 다른 것을 바라볼 여유가 없다. 자신이 목표하는 일 이외의 삶에서는 즐거움을 찾을 수 없는 것이다. 하지만 균형 있는 삶을 추구하는 사람은 삶의 방식이 다르다. 이들은 다양한 삶의 목표를 즐길 줄 안다. 균형 있는 삶이란 다양한 목표들이 서로 조화를 이루는 가운데 앞으로 나아가는 것을 말한다. 우리는 A라는 목표와 함께 B라는 고지를 꿈꿀 수 있다.

두세 가지 목표를 함께 세워보자. 서로 관련이 있는 목표들을 세운다면 예상 외로 빨리 고지에 오를 수도 있다. 무력감에 빠져 있기에는 세상이 너무 넓고 할 일도 많다.

목표에 의미 부여하기

자기심리학을 발전시킨 하인즈 코헛Heinz Kohut은 정서적 생존을 위해 '자기대상self object'이 필요하다고 했다.[13] 자기와 객체object의 합성어인 자기대상은 자기 자신을 구성하는 일부를 의미한다. 부모와 자녀는 서로에게 자기대상이 된다. 워커홀릭에게는 일이 곧 자기대상이다. 이렇듯 자신의 삶에서 의식주보다 귀중한 것들이 자기대상이 된다.

자기대상을 가진 사람들은 굳이 크고 좋은 무언가를 획득하지 않아도 세상을 다 가진 사람처럼 충만한 삶을 산다. 자신이 가장 원하는 걸 소유하고 있다는 충만감이 다른 욕망을 없애기 때문이다.

그러나 무엇이든 한쪽으로 치우치면 부작용이 생겨나기 마련이다. 자기대상에 중독되어 목표를 우선하는 삶은 건강하지 못하다. 특히 정체성이 목표에 잠식되면 외부 평가에 민감해진다. 승리에 대한 집착 때문에 자기 스타일을 잃고 최적의 대책도 세우지 못하게 된다.

따라서 목표를 세울 때는 무엇보다도 그 목표가 충분히 의미 있는 것인지 생각해볼 필요가 있다. 목표를 설정할 때 의미 부여 과정이 빠지면 실천 의지가 약해진다. 의미가 목표를 이뤄야 할 이유가 되기 때문이다. '오늘의 안타가 어떤 의미가 있는가?' '오늘의 프레젠테이션이 나나 우리 부서에 어떤 의미를 주는가?' 하고 질문을 던져보자. 이에 대한 답변이 분명해야 목표를 달성하기 위한 방법도 알게 된다.

목표는 막연한 희망보다 구체적인 믿음을 주는 게 좋다. 우리는 '희망'이라는 말을 참 좋아한다. 하지만 경우에 따라 희망이라는 말은 부족한 자신감이나 비현실적 소원을 의미하는 것처럼 들리기도 한다. '이렇게 저렇게 되었으면 참 좋겠다'라는 막연한 바람보다는 '앞으로 이렇게 될 것이다' 혹은 '일주일 내에 보고서 양식을 바꿀 예정이다'라는 식으로 자신의 목표에 믿음과 확신을 불어넣어보자.

아직 기회는 많다

위기 뒤 찬스, 찬스 뒤 위기

　영웅사극의 공통점은 '고생 끝에 낙이 있고, 위기 뒤에 찬스가 온다'는 것이다. 스토리를 살펴보면 처음부터 좋은 집안에서 태어나 별 탈 없이 무난하게 인생을 마친 주인공은 없다. 모두들 천한 신분이나 불행한 환경 등을 극복하고 성공한다. 성공하다가 실패하는 경우는 별로 없다. 순서상으로 보면 꼭 실패하다가 성공한다.

　야구 경기에도 이 순서가 등장한다. 야구 해설에서 가장 많이 나오는 말 가운데 하나가 '위기 뒤의 찬스'다. 무사 만루의 위기를 무실점으로 막은 팀은 다음 이닝 공격에서 어김없이 득점을 올린다. 이 장면을 본 팬들은 당연히 그럴 줄 알았다고 말한다.

위기 뒤의 찬스라는 말은 심리학적 관점에서 볼 때 매우 그럴듯한 말이다. 뇌에서 '큰일 났다'는 신호를 줄 때와 '이제는 위기를 벗어났다'는 신호를 줄 때 신경들은 각각 다르게 반응한다. 즉 위기 상황이 되면 수비수들은 극도의 긴장 상태에 빠지게 되고 뇌에서는 '큰일 났다'는 신호를 온몸으로 전달한다. 위기 신호는 될 수 있으면 몸을 적게 움직이게 하고 위기 상황에 온 신경을 집중하도록 만든다. 당연히 근육은 수축되고 동작도 멈추게 된다. 이런 신호를 받아들이면 선수들은 평소 자연스럽게 이어지던 동작도 엉뚱한 행동으로 나오고 이는 곧 실책으로 이어진다.

하지만 무사히 위기를 넘기면, '살았다'는 심리적 안정감이 뇌로 전달되면서 근육과 사고의 이완으로 이어진다. 이때 근육과 사고의 유연성은 수행 능력의 범위를 넓힘으로써 득점의 기회를 높이도록 해준다. 위기 뒤에 찬스가 많고 득점이 많은 이유는 이 때문이다.

어려움이 없으면 성공은 더더욱 없다

야구 경기 중에 파울 볼을 맞고 발목을 다쳤다가 복귀한 선수가 있었다. 그는 2군에서 머물다 오랜만에 기회를 얻어 한 달 정도 1군에서 활약하다 다시 부상을 당했다. 이제 야구가 좀 되나 보다 생각하던 시점이었다. 이 선수는 부주의한 자신을 원망하며 재활 기간을 보내야 했다. 절망감을 이기지 못해 중간에 몇 번 야구를 그만둘 생각도 했지만, 부모의 기대와 1군에서 잠깐 가졌던 희망 때문에 포기하지 않고 그 시간을 견뎌낼 수 있었다. 하지만 몸이 회복된 그는 전혀 기쁘지 않았고 예전처럼 야구에 대한 의욕이 생기지 않았다. 복귀 시점이 다가올수록 야구에 대해 어떤 마음을 가져야 하는지, 어떻게 준비해야 하는지 불안하기만 했다.

이 선수는 하나를 실패하면 다른 것들도 의미 없는 것으로 만들어버리는 '실무율적 사고 all or nothing thinking'에 빠져 있는 상태였다. 이런 심리 상태에서는 "다 틀렸어. 모든 게 수포로 돌아갔어" 하면서 쉽게 좌절에 빠진다. 실무율적 사고에 빠진 사람들은 어떤 일을 완벽하게 해내지 못하면 다 소용없다고 생각한다.

그러나 이는 노력의 종말이나 실패한 경력이 아니라 성공에 도달하기 위해 반드시 거쳐야 할 과정이다. 열심히 실패하면 성공할 확률도 높아진다. "실패는 성공을 등에 업고 있다" "실패는 성공의 어머니" "위기 뒤에 찬스가 온다"고 이야기하는 이유는 실패와 위기가 성공과 기회를 동반하기 때문이다.

위기 뒤의 찬스를 발견한 사람들은 어렵지 않게 찾아볼 수 있다. IMF 외환위기에 부도가 난 뒤 밑바닥부터 다시 시작해 성공 신화를 써낸 사람도 있고, 교통사고로 얻은 장애 때문에 죽음까지 결심했던 사람이 오히려 자신보다 어려운 사람들을 도우면서 행복하게 살기도 한다. 이는 자신이 어려울 때 주변을 돌아보며 느끼고 배운 덕분이다.

인생길에는 도로 위의 표지판처럼 가야 할 길을 안내해 주는 표지판이 없다. 살다 보면 힘든 길에 서 있기도 하고, 어느새 성공의 길에 서 있기도 한다. 성공과 실패의 시작과 끝을 가늠하기 힘들다는 소리다. 지금 힘들고 어려운 시기를 보내고 있다면 "나는 이미 성공 길의 초입에 들어섰다"라고 생각하는 것이 좋다. 어려움이 없으면 변화도 없고, 혁신도 없고, 성공은 더더욱 없다.

운동선수에게 부상은 큰 위기다. 김아랑 선수는 부상으로 인한 위기를 어떻게 극복할까.

"평창 올림픽이 2년 정도 남았을 때 일이에요. 지속되어 온 발목 부상 때문에 점점 경기력이 안 좋아지고 있던 상태였죠. 결국 8명을 뽑는 2016-2017시즌 국가대표 선발전에서 9등을 해 국가대표가 되지 못했어요.

진짜 딱 한 사람만 이기면 들어가는데 그렇게 아쉬울 수가 없었어요. 그때 어머니가 해주신 말이 있어요. "지금 부상 부위들을 차근차근 치료 받고 재활해서 다시 잘 해보자. 오히려 천천히 몸 만들 수 있는 시간들이 생긴 거니까."

그 말 한마디에 속상했던 마음들은 사라지고 다시 준비해서 도전할 생각에 기대가 됐어요. '그래 뭐, 어쩔 수 없지. 넘어진 김에 뭐라도 주워서 일어나자'라고 생각했어요. 그동안 급하게 앞만 보고 달렸는데 다시 재정비할 여유가 생긴 거죠.

이제 와서 생각해보면 그때 잘 멈췄기 때문에 제가 지금까지 달려온 것 아닐까 하는 생각이 들어요. 그때의 저는 사실상 2보 전진을 위한 1보 후퇴였죠. 결국 그 시즌에 기초 재활부터 시작해 몸을 잘 만들어서, 그 힘으로 저는 제 두 번째 올림픽인 평창 올림픽 티켓을 손에 쥘 수 있었어요."

어떤 종목이든 뛰어난 기량을 보이는 선수들은 거의 모두 부상을 안고 산다. 인간의 한계에 도전하는 퍼포먼스를 보여야 하니 몸에 무리가 따르는 것도 당연하다. 어떤 선수는 부상 때문에 생각보다 일찍 운동을 접기도 하지만, 어떤 선수는 그 부상 덕분에 생각보다 오래 운동을 한다. 물론 신체적 손상이 워낙 심해서 물리적으로 어쩔 수 없이 운동을 관두는 선수도 있다. 하지만 그렇지 않은 경우, 부상으로 운동을 관두는 선수와 오랫동안 하는 선수의 차이는 그 부상을 어떻게 대하느냐에 따라 다르다.

부상과 동행하는 선수는 부상을 달래며 간다. 내 옆에 불평 많은 친구를 데리고 여행을 하듯 어르고 달래서 자신의 목적지까지 함께 간다. 하지만 떼어놓고 가려는 선수는 부상에 발목 잡혀 목적지로 떠나지 못하거나, 목적지까지 가면서도 계속 불평을 들으며 간다.

부상이 있어도 운동을 해야만 한다는 이야기가 아니다. 부상 후 퍼포먼스가 가능한 시기까지는 충분히 쉬었다가 운동을 해야 한다는 것이 내 철칙이다. 하지만 피지컬 트레이너 혹은 의사들이 운동을 할 수 있다는 진단을 내렸음에도, 자신의 완벽주의적 성향이나 찜찜함 때문에 운동을 다시 시작하지 못하거나 기량을 충분히 발휘하지 못하는 선수들이 많다는 점을 지적하고 싶다.

부상을 달래는 선수는 김아랑 선수의 예처럼, 내 몸의 회복 계획을 세우고, 몸이 회복되면 가장 중요한 목표 달성을 위해 계획을 세운다. 체력을 다시 어떻게 회복해 기량을 어느 정도까지 끌어올릴지, 이때 내 부상의 정도가 버틸 수 있는 수준을 고려해 나는 어디까지 힘을 발휘할 것인지 계획하는 것이다. 이것이 바로 부상과 함께 가는 것이다.

최근 김아랑 선수는 고질적인 부상을 치료하고자 큰

결단을 내렸다. 국가대표를 잠시 내려놓기로 한 것이다. "계속 무리해서 하는 것보다 더 멀리 오래가기 위해 지금 잠시 멈춰 재정비의 시간을 가진다 생각하며 재활과 치료에 집중하기로 했어요." 김 선수는 2026년 2월에 열리는 밀라노 올림픽을 위해 2025년 4월 국가대표 선발전에 도전한다.

 우리에게는 부상이 없을까? 심리적 의미에서든 육체적 의미에서든 부상 하나쯤은 다 갖고 있다. 혹 다 낫지 않은 부상을 가지고 살아가고 있다면 부상이 완전히 좋아지지 않았으니 일상생활이 어렵다고 주저앉아 있지는 않은가? 주변 사람들이 그 정도면 움직일 수 있다고 해도 나는 아직 다 낫지 않았으니 움직일 수 없다고 가만히 위축되어 있는 것은 아닌지도 생각해볼 필요가 있다.
 내 마음의 회복 계획을 세우고, 어느 정도 회복되면 목표 달성을 위해서 정신력을 가다듬어보자. 그리고 회복된 정신력을 가지고 나는 얼마만큼 더 힘을 낼 수 있는지 삶의 계획을 세워보자.

다가올 기회를 준비하며

오래전 일이다. 의과대학에서 함께 공부한 친구 도현이가 어느 날 술 한잔을 걸친 뒤 한마디했다.

"흔히 인생을 살다 보면 세 번의 기회가 온다고 하잖아? 마흔이 되어서 보니 내게는 기회가 이미 두 번은 온 것 같아. 그렇다면 내 인생의 마지막 기회는 언제 올까?"

친구의 말에 나는 딴지를 걸었다.

"어떻게 벌써 기회를 두 번이나 만났어? 그 기회라는 게 꼭 그렇게 마흔 전에 온대? 예순이나 일흔에 오면 안 되고?"

개인병원 원장에다가 단란한 가정을 꾸리고 살고 있는 친구를 어렸을 때부터 보아온 나는 친구의 행복들이 어떤 우연한 기회로 잡은 것이 아니라 당연한 것이라고 생각했다. 그래서 아직 오지 않은 기회는 더 의미 있는 것이어야 한다고 생각했다. 내가 그렇게 이야기하니 병원 경영 5년에 지쳐 있던 친구는 눈을 동그랗게 뜨며 "맞아! 내가 왜 그 생각을 못했지?" 하고 반색했다.

우리는 이제 평균수명 100세 시대를 살고 있다. 인생을 절반쯤 살았다고 꿈을 접어버리는 것은 자신의 가치와 목표를 지나치게 한정하는 것이다. 어쩌면 친구에게는 기회가 오지 않을 수도 있다. 지금보다 사회적 가치가 더 큰 기회를 꿈꾸고 있다면 말이다.

친구의 꿈은 환갑이 되면 가족과 함께 세계 일주를 하는 것이다. 사회적 가치 측면에서 보면 세계 일주는 병원 일과 비교했을 때 지극히 소소할 수 있다. 대부분의 사람들은 병원 일에 더 큰 가치를 부여할지도 모른다. 하지만 세계 일주를 통해 얻게 될 기쁨과 새로운 삶의 의미가 친구에게는 더 큰 가치일 수 있다. 사회적 가치만큼 개인적 가치도 소중하고 중요한 것이기 때문이다.

스포츠 경기에서도 기회는 언제 올지 알 수 없다. 그래서 선수들과 관중들은 경기 내내 긴장하고 몰입한다. 흔히 야구는 9회 말, 축구는 전후반 90분 경기가 끝나봐야 알 수 있다고들 한다. 이 말은 9회 말 투아웃에도, 후반전 44분에도 기회가 올 수 있다는 의미다.

점수가 나야 할 기회에 점수가 나지 않은 것은 엄격하게 말하면 기회가 아니다. 단지 9회 말에 점수를 내기 위해 필요한 과정이었을지도 모른다. 축구의 전후반 89분도 마찬가지다. 경기 종료 1분 전에 터진 결승 골을 위한 시간이 되기도 하는 것이다. 사람들이 기억하는 명승부의 대부분은 경기가 끝날 즈음의 역전승이고 버저비터(경기 시간 마지막 종료 벨이 울릴 때 들어가는 골)다.

성공의 유무와 관계없이 내게 혹은 우리 팀에 아직 기회가 많이 있다고 생각해보자. 새로운 목표와 희망을 만들 수 있는 좋은 방법이 될 것이다.

스트레스에서 벗어나 일을 즐기는 법

일을 즐긴다는 말의 진짜 의미

"숫자에 제 영혼을 내준 느낌이 들어요. 이제는 투자 리포트 쓰기가 겁나요."

성민 씨는 모두가 부러워하는 증권사 리서치센터에 입사해 주식시장을 분석하고 리포트를 작성하고 있다. 그 리포트를 기준으로 투자자들이 투자 결정을 한다는 점에서 리서치센터는 증권사에서도 꽃이다. 성민 씨 역시 자신이 경제나 증시에 영향력을 행사하는 일원이 되었다는 자부심에 일이 고되고 힘들어도 견딜 수 있었다.

하지만 요즘은 출근해서 컴퓨터를 켜는 순간 스트레스가 밀려오고 증시 창만 봐도 가슴이 답답하다. 아침마다 마이너스 성적표를 받는 것 같아 자책감이 들기 때문이다. 게다가 최근 회사에선 투자자 유치가 어려워지자 직원들에게 1인당 한 명씩 신규 펀드 계좌를 개설해 올 것을 요구했다. 하고 싶지 않은 일까지 해야 하니 그의 스트레스는 극에 달한 상황이었다.

직장인들만 이런 심리적 고통을 겪는 것은 아니다. 15년 차 전업주부인 영란 씨도 스트레스가 많았다. 그녀는 아이가 어느 정도 커서 자신의 손길이 덜 필요해지자 취미로 퀼트를 시작했고 시간 가는 줄 모를 정도로 푹 빠져들었다. 미술대학을 나온 그녀는 손재주가 남달라 다른 수강생들보다 진도도 빨랐고 강사의 관심을 독차지했다.

그렇게 퀼트를 배운 지 2년 만에 영란 씨의 작품은 사람들의 관심을 끌면서 높은 가격에 팔리기 시작했다. 주문량이 많아지자 작은 오프라인 가게도 냈다. 그런데 가게 오픈을 준비하는 6개월 동안 영란 씨는 엄청난 스트레스를 받았다. 상권이 좋은 곳에 가게를 열다 보니 임대료가 만만치 않았고, 비싼 임대료를 생각하면 장사가 더 잘되어야 했다. 이런저런 부담감 때문에 취미로 시작한 퀼트는 이제 스트레스를 주는 일이 되어버렸다.

성민 씨와 영란 씨에게 일은 '즐거움'보다는 책임이 따르는 '부담감'에 더 가깝다. 두 사람은 자신들이 일을 즐긴다고 생각했지만, 엄밀히 말하면 일이 아니라 생산물에 대한 사람들의 갈채와 관심을 즐기고 있었던 것이다.

일을 즐긴다고 믿고 있지만 결과나 성과가 기대에 미치지 못했을 때 일에 대한 회의감이 밀려온다면, 이전의 컨디션으로 돌아가는 데 오랜 시간이 걸린다면, 당신은 일이 아닌 성과를 통한 다른 사람의 관심을 더 즐기고 있는 것이다.

외부 평가와 자기 평가의 균형

일을 즐긴다는 것은 '외부 평가'와 '자기 평가' 사이 균형에 달려 있다. 외부 존재에 대한 과대평가 혹은 자기 자신에 대한 평가절하는 심리학자 로널드 페어베언Ronald Fairbairn이 말한 '과도기적 의존 단계'에서 일어나는 심리 상태로 설명할 수 있다.[14] 페어베언은 공포증, 강박증, 히스테리, 편집증이 아이들의 마음에서 내적 혹은 외적 대상의 과도한 수용과 거절의 과정을 거쳐 나타난다고 했다.

하나씩 살펴보자. 우선 공포증은 외부 대상에 대한 도피와 복귀 사이에 갈등이다. 아이가 엄마에게서 떨어져나가려 하면서 느끼는 분리 공포와 엄마 속에 완전히 갇혀버릴지도 모른다는 공포 사이에서 이러지도 저러지도 못하는 상황을 일컫는다.

강박증은 자기 안에 있는 대상의 배설과 보유 사이의 갈등이다. 아이가 자기 안에 있는 대상을 축출해 공허해질까 봐 아니면 그것을 보유하다가 터져버릴까 봐 두려워하는 불안을 말한다.

히스테리는 외부 대상을 강렬하게 수용하고 자기 자신을 지나치게 경시하는 감정 상태를 말한다. 외부 대상을 과대평가한 나머지 다른 사람이 다 잘나 보이기 때문에 외부의 시선에 관심이 많으며, 그들에게 인정을 받으면 기분이 좋아진다.

편집증은 외부 대상을 자신을 박해하는 사람으로 여겨 강하게 거절하고 자기 자신을 매우 소중히 여기며 수용하는 감정 상태를 말한다.

외부 대상을 지나치게 의식하면 자기를 잃은 채 다른 사람의 인정에 목말라할 것이다. 반대로 자기 자신에게만 집중한다면 자신의 생각과 행동에 책임을 지지 않고 외부 대상에게 책임을 전가하거나 비난하게 된다.

결국 외부 대상에 지나치게 신경 쓰게 되면 공포증이나 히스테리처럼 외부 평가(결과)에 몰두하게 되고, 내적 대상에 지나치게 신경 쓰면 강박증이나 편집증처럼 과정에 몰두하게 된다. 어느 경우든 정상적인 일의 진행이 불가능하다.

결과로부터 자유로워지기

나는 선수들과 '운동을 즐긴다'는 주제로 많은 대화를 나눈다. 스포츠 해설가나 평론가들도 선수에 대한 평가를 할 때 "운동을 즐기고 있다"는 표현을 종종 쓴다. 이때 '즐긴다'는 말은 선수들이 성적과 평가를 떠나 자신의 플레이와 퍼포먼스를 스스로 개선하고 향상시킬 때 쓸 수 있는 말이다. 세계적인 무대에서 활약하는 스타 선수들을 떠올려보라. 그들이 자신의 퍼포먼스를 즐기지 못했다면 그러한 결과를 이뤄내지 못했을 것이다.

경기를 시작하기 전에 심리적 압박감을 줄이기 위해 감독은 선수들에게 "경기를 즐기라"는 얘기를 자주 하곤 한다. 이때 경기를 즐기라는 말의 의미는 자신의 플레이에 집중하라는 것이다. 선수가 경기 결과에 지나치게 집중한다면 부담감으로 경기 수행 능력이 떨어지기 때문이다.

트리플 악셀(3회전 반 점프)을 앞둔 피겨스케이팅선수가 점프를 하면서 '이번 프리스케이팅의 총점이 200점이 넘으려면…' 하고 경기 결과에 집착한다면 고난도 기술에서 실수할 확률이 매우 높을 것이다.

반면에 '높게 뛰려면 회전을 시작하기 전에 무릎을 약간 굽히면서 아랫배에 힘을 주고…' 하며 트리플 악셀 동작에 집중한다면 성공 확률이 높아지고, 바로 이어지는 동작에도 집중할 수 있게 된다. 이것이 바로 선수가 경기를 즐기는 방법이다.

김아랑 선수는 "2018 평창 동계올림픽(2017-2018시즌)을 기점으로 마음가짐이 많이 달라진 것 같다"고 말한다.

"2016-2017시즌 아시안게임이 걸려 있는 국가대표 선발전에서 탈락했던 일도 크게 작용했어요. 덕분에 부상 재활에 집중할 수 있었거든요. 여러모로 재정비할 수 있었죠. 그렇게 몸을 잘 만들어서 결국 평창행 티켓을 손에 쥘 수 있었고요. 그동안은 앞만 보고 달려왔다면 이 일로 모든 것엔 타이밍이 있다는 믿음이 생겼죠.

1년 동안 열심히 시합을 준비하고 나니, 막상 시합을 앞두고는 목표가 1등을 하자는 게 아니었어요. 그렇다고 욕심이 없었던 건 아니에요. 다만 저는 이 대회를 위해 할 수 있는 최선을 다했으니 어떤 결과가 나오더라도 받아들일 준비가 됐었다고나 할까요. 진짜 어떻게 이렇게까지 힘들고 고통스러울까 싶었는데 '신은 견딜 수 있는 고통만 주신다고 하니 이건 분명 시험이야 보란 듯이 웃으면서 이겨내볼게'라는 심정이었죠. 해보고 아니면 어쩔 수 없고. 이런 단순한 생각이 들더라고요.

흔히 말하듯 '피할 수 없으면 즐겨라'라는 말도 생각났어요. '그냥 마음 편하게 즐기고 와'라는 말은 사실 시합 전에 늘 부모님이 하신 말씀이에요. 이렇게 생각하니 모든 순간이 재미있었어요. 정말 즐기면서 올림픽을 치를 수 있었죠."

이때부터 김아랑 선수는 비로소 '경기를 즐긴다'는 말의 의미를 알게 된 것이다. 실제로 당시 선수 소개 과정에서 고글을 입에 물고 미소를 짓는 김아랑 선수의 모습이 화제가 되었다. 김 선수는 "매우 긴장하고 있었는데 막상 경기장에 들어가니 신이 났다"고 한다. "정말 열심히 준비했고, 이제 내가 준비한 걸 보여준다는 생각에 신이 났다"는 것이다.

사실 경기를 즐긴다는 것은 말처럼 쉬운 일이 아니다. 실제로 나이가 어린 선수들과 이야기를 해보면 '경기를 즐긴다'는 것과 '경기를 잘한다'는 것의 차이를 구분하지 못한다. 즉 성적이 좋지 않으면 그날은 경기를 즐기지 못한 것이고, 성적이 좋으면 경기를 즐긴 것이라고 이야기한다. 심지어는 은퇴한 유명 운동선수도 '운동 못하면 다 그만이야. 일단 잘하고 봐야지. 운동도 못하는데, 경기를 즐기는 것이 어딨어'라고 말하는 것을 봤다. 운동을 20~30년 해도 즐기지 못하고 은퇴를 했으니, 참 힘들게 운동했겠다 싶었다.

경기를 즐긴다는 느낌은 계획, 과정, 결과, 이렇게 세 지점에서 얻을 수 있다. 단지 기쁜 감정만을 느끼는 것이 즐기는 것이 아니다. 희로애락을 모두 느껴야 비로소 즐긴다고 할 수 있다. 먼저 계획을 즐긴다는 것은 대회를 어떻게 준비하고, 그 과정에서 누구의 도움을 받고, 내가 어떤 반응을 보이며, 내게 피드백하는 사람들에게 어떻게 즐거움을 줄 수 있을지 생각하는 것이다. 계획에 의해 나의 퍼포먼스에 유의미한 변화가 있고, 계획이 틀렸다면 과정 중에 계획을 고치고, 다시 수행해서 그 계획이 맞았음을 확인하는 것이 과정을 즐기는 것이다.

그리고 꼭 1등이 아니더라도, 내가 계획하고 연습한 퍼포먼스를 살벌한 시합 과정에서 얼만큼 표현할 수 있는지를 알아보는 것이 결과를 즐기는 것이라 할 수 있다. 앞서 김아랑 선수가 경기 전 '신은 견딜 수 있는 고통만을 준다'는 말을 떠올린 것이 과정과 결과를 함께 즐기고 있는 상황이라 할 수 있겠다.

일을 즐길 줄 아는 사람은 자신이 언제 일을 잘하고 못하는지 잘 알고 있다. 놀이공원의 롤러코스터가 재미있는 것은 올라갔다 내려갔다 하는 기복을 즐길 수 있기 때문이다.

우리는 결과까지도 우리 자신이 조절할 수 있기를 원한다. 과정이 어떠하든 자신이 원하는 결과가 나오기를 바란다. 하지만 훗날 뒤돌아보면 웃고 울었던 과정들이 기억에 남는다. 인생을 즐기려면 무엇보다도 먼저 결과로부터 자유로워져야 한다. 우리는 넘어졌다 일어나는 과정을 끊임없이 반복하는 가운데 훨씬 더 많은 것을 습득하고 즐길 수 있다.

누적된 긴장과 피로,
지금 당신에게 필요한 것

균형 있는 삶 만들기

스포츠 정신의학에서 선수들에게 흔히 하는 질문 중 하나는 이것이다. "당신은 하루 중 언제부터 '운동선수'가 됩니까?" 직장인에게 "출근 시간과 퇴근 시간이 언제인가"를 묻는 것과 같은 맥락의 질문이라 할 수 있다. 어떤 선수는 "저는 하루 종일 운동만 생각해요"라고 답한다. 또 좋은 운동선수가 되기 위해서는 하루를 온전히 운동 생각하는 데 써야 한다고 말하는 지도자들도 있다.

하지만 프로 운동선수들은 운동을 전문적으로 하는 직장인이라고도 할 수 있다. 따라서 이들에게 '언제부터 운동선수인가'는 상당히 중요한 문제다. 그런데 하루 종일 운동

선수로 살며, 운동에 매몰되어 친구를 만나지도 못하고, 가족과 좋은 시간을 보내지도 못하고, 취미생활도 못한다면 균형 있는 삶을 살아가지 못하고 있는 것이다. 직장인이 하루 종일 일만 생각하며 퇴근을 해도 퇴근한 것 같지 않은 삶을 사는 것과 마찬가지다.

항상 운동만을 생각하면서 평소 몸관리를 위해 술이나 담배를 안 하거나 줄이고, 몸에 좋은 음식을 먹으며, 위험한 운동이나 장소는 발을 들이지 않는다는 선수나 지도자들이 있지만, 이는 다른 관점에서 봐야 한다. 즉, 과도한 음주가 '다음 날' 운동에 지장을 주는 것을 피하려는 것이다. 일반 직장인이 회식 때 과도한 음주로 인해 다음 날 근무에 영향을 받는 것처럼, 무분별한 음주가 운동에 영향을 주기 때문이다.

미국 프로 야구계에서는 '하루 중 내가 프로 야구선수가 되는 시점이 언제부터인가'에 대해 다양한 의견들이 있었다. 구단 스타디움에 들어서면서, 락커룸에 들어서면서, 유니폼을 착용하면서, 경기 시작 전 첫 몸풀기 연습을 시작하면서 등이 그것이다. 마치 토니 스타크가 아이언맨 수트를 입을 때부터 아이언맨인가 아니면 그냥 괴짜 토니 스타크로 지낼 때도 아이언맨인가 토론을 하는 것과 비슷하지만, 그래도 아이언맨은 빨간색과 금색으로 반짝이는 수트를 입었을 때 아이언맨이라 볼 수 있지 않을까?

이렇게 미국 프로 야구선수들이 '선수가 되는 시간'에 예민한 것은, 개인의 사생활, 가족과의 관계, 친구와의 교류 등이 결국 자신의 행복과 연결된다는 것을 오랜 기간 경험을 통해 깨달았기 때문이다. 또 그런 행복이 있어야 메이저리그라는 무대에서 오랜 기간 살아남아 운동을 지속적으로 할 수 있는 것이다. 세계 최고 기량의 선수들이 모인 곳에서 극도의 스트레스를 받으며 실패와 성공의 좌절과 성취감을 맛보더라도, 가족과 친구를 만나거나 혹은 자기 아지트에서 혼자만의 시간을 보내는 등, 승부도 결과도 없는 시간을 보내는 것은 마음의 균형을 잡고 안정을 취하는 데 매우 중요하다.

김아랑 선수는 대학원에 다니기 시작하면서 선수로서의 시간과 선수가 아닌 시간이 자연스레 분리됐다. 김 선수는 이것이 "운동할 때 집중력을 높여줬다"고 말한다.

"운동이 안 풀릴 때 대학원 과제나 공부를 하면 이게 좀 재밌어요. 그런데 과제가 안 풀리면 '그래, 이거보다는 운동이 낫지' 이러면서 운동을 가요. 그럼 운동 다녀와서 '역시 운동은 힘들어. 공부나 하자' 하면서 공부하고. 운동도 대학원 일도 잘 안 풀릴 때는 유튜브 촬영을 해요. 그럼 또 그게 재밌다가도 다시 운동이 낫다 싶고, 공부해야지 싶고. 이게 반복되는 거예요. 매번 똑같이 운동만 하다가 이렇게 새로운 일들을 번갈아 하니까 오히려 재미있고 좋더라고요.

　스트레스를 계속 받다 보면 답을 못 찾을 때가 있잖아요. 대학원도 다니고 유튜브도 하면서 한 발짝 물러나니까 오히려 운동에 집중이 잘됐던 것 같아요."

　정신분석학에서는 모든 심리 구조에서 가장 높은 자리에 위치해 있으면서 우리의 사고와 행동을 결정하는 집행기관을 '자기'라고 설명한다. 자신을 사랑하면 어떤 상황에서든 자기 자신을 올바로 집행할 수 있다. 물론 쉬운 일은 아니다. 그 방법 중 하나가 바쁜 삶 속에서도 조금이라도 숨 쉴 수 있는 여유를 자기 자신에게 할애하는 것이다.

　그러나 '휴식은 죄'라는 인식이 지배적인 한국 사회에서 휴가나 여행은 패배자나 현실도피자들의 행위쯤으로 여겨지기도 한다. 성공지상주의가 팽배하다 보니 사색적 시간과 휴식의 가치를 제대로 모르는 사람들이 많은 것이다. 그런 사람들과 마주하면 나는 이렇게 조언한다.

　"무의미한 반복(집중)은 성과 창출에 도움이 되지 않습니다. 오히려 무기력증이나 패닉 상태에 빠지게 합니다. 때로는 멈추는 것이 더 나은 성과를 내고, 속도를 높이는 전략이 될 수 있습니다."

조급증을 내는 사람들은 대부분 실제로도 성격이 급하다. 이런 사람들은 여유와 휴식의 중요성을 알 필요가 있다. 느림 속에서 빠름을 깨달을 수 있듯, 여유와 휴식 속에서 자신의 능력을 키울 수 있는 힌트를 얻을 수 있기 때문이다.

때로는 긴장보다 이완이 필요하다

"선생님, 세상에 이런 경우도 있나요? 저는 유격수(투수 뒤에서 수비하는 포지션)인데, 경기 중에 타자가 공을 치면 공이 눈앞에서 사라져버려요."

출중한 실력자임에도 잦은 실수로 경기를 망치곤 하는 야구선수 승우 씨의 찌푸린 미간에서 깊은 고민이 느껴졌다. 이 선수는 성실한데다 코치의 말도 잘 따르는 선수였다. 면담을 하면서 나는 이 선수가 경기에 집중하려고 지나치게 노력한다는 점을 알게 되었다. 그는 타석에 들어서기 전부터 전투태세다. 투수가 공을 던지거나 인터벌을 조금 길게 가질 때도 집중력을 놓지 않는다. 경기 내내 잠깐의 휴식도 허락하지 않는 것이다.

우리 몸의 자율신경계는 교감신경과 부교감신경으로 이

루어져 있다. 교감신경은 심장의 강약 조절, 혈관 수축, 동공 확대 등의 역할을 한다. 부교감신경은 우리 몸이 흥분되거나 긴장도가 높아지면 심장박동을 억제해 신체의 균형을 맞추는 역할을 한다.

교감신경이 긴장하면 날아오는 공을 파악하는 동체시력이 떨어져 수비에 구멍이 뚫리게 된다. 나는 교감신경의 항진을 막기 위해 승우 씨에게 조금만 불성실하게 수비에 임하라고 조언했다. 예를 들어 타자가 타석에 들어설 때는 경기장의 다른 곳을 주시하고, 투수가 와인드업을 시작할 때쯤 수비 동작을 취하자고 했다. 이렇게 주문한 이유는 잠깐이라도 흥분 상태의 몸을 안정시키고 이완 상태로 만들고 싶었기 때문이다.

물론 승우 씨는 그동안의 습관 탓에 바로 내 주문을 실천하지 못하다가, 이후 다섯 경기가 지날 때쯤 이를 실천해 이완의 참맛을 느끼기 시작했다. 그러자 부교감신경이 활성화되면서 긴장도가 떨어지고 동체시력도 좋아져 경기 중 실수가 현격하게 줄어들었다.

김아랑 선수도 경기 중 긴장하는 때가 있다. 쇼트트랙의 경우 조편성이 결과에 적지 않은 영향을 미치는데, 다소 불리한 상황이라 예측하지 않은 일이 발생할 것 같을 때 긴장한다. 또 몸 컨디션이 좋지 않아 경기 중 계획과 달리 레이스에 뒤처지고 있을 때나 잇달아 실수가 나왔을 때도 긴장하는 상황이다.

이럴 때 김아랑 선수는 '자신이 뭘 해야 하는지'에 집중하고, 크게 심호흡을 한다. 별것 아닌 것처럼 보일 수 있지만 긴장되는 상황 속에서 큰 숨 한 번은 실제로 도움이 된다. 크게 심호흡을 하면 몸이 이완되면서 긴장을 낮출 수 있다. 이런 방법들은 잘 활용하면 긍정적인 결과를 얻을 수 있을 것이다.

시간을 느리게 재현하기

야구선수나 골프선수들이 갑자기 스윙 감을 잃어버리는 경우가 있다. 이럴 때 내가 선수들과 하는 일은 마치 슬로모션을 보듯 동작을 느리게 재현해보는 것이다.

이 방법은 두 가지 장점이 있다. 하나는 보통 2초도 안 되는 스윙 시간을 10초, 20초로 늘려 짧은 시간 동안 느끼지 못한 감각을 선수로 하여금 느껴보게 해준다. 골프의 스윙이건 야구의 스윙이건 부분 동작에서의 작은 각도나 결점이 50미터, 100미터 뒤에서는 매우 큰 차이를 만들기 때문에 이러한 작업은 매우 의미가 있다.

우리 인생도 마찬가지다. 아침에 일어나 잠들 때까지 정신없이 바쁘게 지내는 삶 속에서 자신이 과연 무엇을 하며 살고 있는지, 자기 인생이 어떻게 지나가고 있는지에 대한 감을 잃어버리고 사는 사람이 많다.

이런 사람들에게 나는 때로 하루를 늘려보는 상상을 하게 한다. 예컨대 아침에 일어나 회사에 출근한 뒤 일을 마치고 영어학원에 갔다가 친구들을 만나 맥주 한잔을 마시고 귀가하는 것이 평소의 스케줄이라면, 가끔은 영어학원과 맥주 한잔을 생략한 채 집으로 돌아가 쉬고, 다음 날 출근하는 일련의 과정을 머릿속에 그려보는 식이다. 5시간이면 끝날 일을 8시간까지 늘려보면 어떻게 했을 때 일이 빨리 진행되고, 자신이 왜 이 일을 하게 됐는지 등 다양한 감흥을 받을 수 있다.

자기 삶에 대한 아무런 감흥도 느끼지 못하고 무관심 속에서 하루하루가 지나간다면 몇 년 후의 삶도 여전히 방치된 채 살아질 것이다. 골프에서 오비 out of bound(경기 구역 밖으로 공을 내보내는 것)와 페어웨이 fairway(잔디가 고르게 깎여 있어 공을 편안하게 칠 수 있는 곳)의 차이는 스윙 동작에서 5도 차이도 안 나는 궤도에 의해 결정된다. 우리 삶의 각도에 대해서도 진지하게 생각해볼 일이다.

휴식의 중요성

최고의 퍼포먼스를 내기 위해서는 균형 있는 삶이 중요하다는 것을 이제 깨달았을 것이다. 이때 몇 번을 강조해도 부족한 것이 휴식이다.

지치고 긴장한 몸이 퍼포먼스를 떨어뜨려도 눈앞에 놓인 승부의 긴장감은 휴식을 잘 받아들이지 못하게 한다. 과정과 효율을 무시한 채, 결과에만 꽂혀서 불안과 초조 속에 아무런 의미 없는 육체 노동만을 하고 있는데도 말이다. 우리의 뇌는 몸이 힘들거나 스트레스를 받으면, 그 힘든 것을 피하고 스트레스를 줄이려는 쪽으로 집중하게 된다.

그러면 평소 연습을 통해 퍼포먼스에 집중하게 만들어 놓은 뇌가 운동이 아닌 몸을 편하게 만드는 것에 집중하게 되어 상대적인 운동 집중력의 저하가 발생하는 것이다. 유능한 지도자들은 바로 이 점을 선수 때부터 뼈저리게 느끼고, 자신이 지도자가 되었을 때 선수단에 때맞춰 휴식을 부여하는 결단을 내린다.

뛰어난 감독이나 수석 코치는 프로 리그가 중반으로 접어들면 선수단에게 휴식 시간을 적절하게 부여한다. 한 게임의 성적이 시즌 전체의 성적을 좌우하는 시즌 중반에 승리를 위해 한 번이라도 더 훈련을 시키고 싶은 것이 대다수 감독이나 코치의 마음일 것이다. 하지만 이때 불안한 마음을 다잡으며 선수들에게 휴식을 부여할 수 있는 지도자가 진짜 유능한 지도자이다.

우리의 일상생활도 마찬가지다. 몸이 힘들 때나 배가 고플 때, 우리의 생각은 오직 쉬는 것, 먹는 것에 집중하게 된다. 인간이 살기 위해 인체의 구조가 그렇게 되어 있다. 정신력을 강하게 하기 위해 일부러 배고프게 하고, 일부러 힘들게 할 필요는 없다. 휴식은 다음 단계로 나가기 위한 잠시의 멈춤이기도 하지만, 다음 단계를 시작하기 위한 전주의 제일 앞부분이기도 하다.

주말만이라도 잠시 일에서 떠나 휴식을 취하자. 장기간 휴식이 부담스럽다면 잠깐의 커피 타임이나 잡담 시간이라도 자주 갖는 것이 좋다. 잠깐의 휴식은 피로 회복을 돕고, 일의 페이스를 조절해준다. 동기부여에도 도움이 된다. 어떤 일에 매몰되어 있을 때는 실수나 오류가 눈에 들어오지 않지만, 잠시 떨어져 있으면 객관적인 거리가 유지돼 한눈에 보일 때가 있다. 이것이 바로 휴식의 매력이자 장점이다.

스타 선수들의 5가지 행동 습관

선수들과 면담을 하다 보면 그들의 실력과 연봉을 구체적으로 물어보지 않더라도 뛰어난 선수와 그렇지 못한 선수가 쉽게 구별된다. 뛰어난 선수들은 정체성이 확실하고 주체성이 강하다. 이런 선수들은 몇 가지 특징이 있다.

1. 가장 먼저 해야 할 일을 상황에 맞게 택한다

이는 매우 중요한 능력이다. 아무리 실력이 뛰어나고 관계가 좋아도 자기 자신, 팀 동료, 팬, 언론, 감독, 코치, 부모를 모두 만족시킬 수는 없다. 정체성이 뚜렷한 선수들은 상황에 따라 가장 먼저 만족시켜야 할 대상을 선별한 뒤 우선순위에 따라 문제를 해결할 줄 안다. 소위 선택과 집중을 효과적으로 활용하는 것이다.

인지 기능적으로 볼 때 이런 선수들은 선택적 집중력이 좋다고 이야기한다. 선택적 집중력을 주로 담당하는 뇌 부위는 대상회이랑cingulate gyrus이다. 재미있는 것은 대상회이랑은 뇌의 편도체

amygdala에서 발생하는 불안 신호를 조절하는 주요 기관 중 하나라는 점이다. 즉 외부 자극에 의해 편도체가 놀라 우왕좌왕하고 그 놀람의 강도조차도 파악하지 못할 때, 대상회이랑이 외부 자극의 불안 강도를 파악하고 우선순위를 정해 적절하게 반응하도록 해준다.

2. 일과 휴식을 적절히 배분할 줄 안다

정체성이 공고한 스타 선수들은 목표 없는 무모한 연습을 하지 않는다. 취미생활도 자신의 운동에 방해가 되지 않는 것을 골라 즐긴다. 만약 취미가 운동에 방해가 되고 스스로를 지치게 만들면 과감히 포기할 줄도 안다.

김아랑 선수의 취미 중 하나는 요리다. 최근 숙소 생활을 벗어나 개인 공간을 갖게 되면서 요리를 즐기게 되었다. 덕분에 "삶이 더 건강해지는 느낌"을 받는다고 한다.

근육이 효과적으로 힘을 쓰기 위해서는 힘을 주었다 뺐다 해야 한다. 그래야 단시간에 최대의 힘을 얻을 수 있다. 액틴actin과 미오신myosin으로 이뤄진 근육은, 두 기관이 서로 이끌리듯 합쳐지고 분리되면서 에너지를 사용하게 만든다. 그런데 계속 힘을 주고 있다면 액틴과 미오신의 에너지 이용률이 현저하게 떨어져 지속적인 수축 상태를 유지하기 힘들다.

좋은 학교에 가기 위해, 좋은 직장을 얻기 위해 우리는 늘 긴장하며 살아간다. 그러나 이러한 삶이 지속되면 일의 능률이 떨어지고 쉽게 지친다.

3. 의도하지 않은 상황에도 유연하게 목표를 수정한다

만년 기대주로 머물러 있는 선수들은 자기 생각에 함몰되거나 귀가 얇아 다른 사람의 말에 쉽게 흔들리는 경향이 있다. 정체성이 흔들리는 선수는 돌발 상황이 일어나면 당황하며 적응하지 못한다. 의도하지 않은 상황에서 유연하게 대응하며 목표를 수정한다는 것은 생각만큼 쉽지 않다. 이때 현재 자신이 서 있는 길이 어떤 길인지 살펴보는 것이 유연한 목표 수정에 도움이 될 수 있다.

스타 선수는 자신이 의도하지 않은 상황이 발생했을 때 침착하게 대응한다. 먼저 스스로 해결하려 노력한 다음, 필요한 경우 자문을 구한다. 이때 누구에게 조언을 구하고 심리 상담을 청할 것인지도 미리 생각해놓고 있다. 온갖 훈수와 충고가 난무해도 쉽게 움직이지 않고, 그렇다고 누구의 이야기도 듣지 않는 답답한 고집불통으로 전락하지도 않는다.

4. 좋은 결과와 나쁜 결과를 동시에 예상하고 대비책을 마련한다

정체성의 뿌리가 깊은 선수들은 지나치게 낙관적이거나 비관적이지 않다. 좋은 결과와 나쁜 결과를 동시에 생각하는 통합적인 관점을 갖고 있다. 이는 현재 벌어지고 있는 일을 지켜볼 수 있는 시간적·

공간적 여유를 가져다준다. 통합적 관점은 자신감에서 나온다. 다시 말해 운동에 지배당하고 있는 것이 아니라 운동을 지배하고 있는 것이다. '오늘 실수로 골을 넣지 못한 것은 내일 두 골을 넣기 위한 사전 리허설이다' '오늘 두 골을 넣었으니 내일은 골보다는 패스에 치중해야 한다. 점수를 많이 얻지 못하더라도 조급해할 필요가 없다', 이런 식으로 전체적인 시각에서 경기를 지배한다.

5. 이미 벌어진 상황을 피하지 않고 책임질 줄 안다

스타 선수는 책임질 일이 발생했을 때 잘잘못을 꼼꼼히 따져 적절한 해결책을 찾는다. 실패를 통해 배우는 것이다. 이는 연습을 통해 얻는 것과는 다르다. 받아들이는 감정의 강도가 다르기 때문이다. 시합 때의 실수는 오래 기억에 남는다. 우리 뇌의 편도체가 실수와 관련된 수행 기억 과정에서 감정의 영향을 많이 받아, 짧은 시간이지만 강렬한 에너지를 저장하게 만들기 때문이다.

시합 때 발생한 실수를 그냥 넘겨버리면 당시 속상했던 감정만 기억되지만, 이를 '수행 기억+감정'으로 분석할 줄 안다면 비슷한 상황을 맞닥뜨리더라도 실수할 확률이 줄어들게 된다. 배움을 통해 자신감이 생긴 덕분이다.

부록

개인과 조직을 위한 몇 가지 조언

어떻게 최상의 결과를 만들어낼 것인가

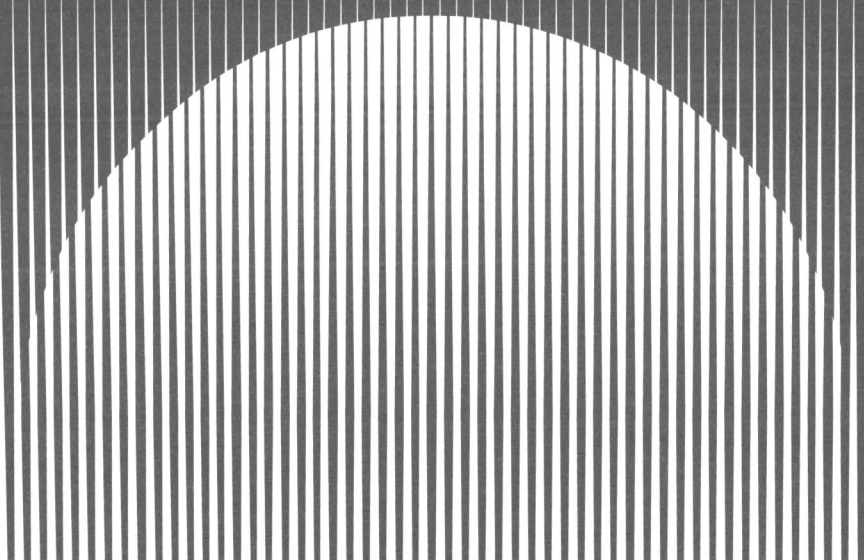

공동의 목표와 개인의 목표부터 구분하라

팀의 문제아를 바꾸는 기술

아마추어 시절 전국적으로 이름을 날리던 한 농구선수의 이야기다. 그는 프로 선수가 된 뒤 주전으로 뛰지도 못하고 제 기량을 발휘하지 못해 고민이 많았다. 이 선수와 대화를 나눠보니 감독이 자신을 알아주지 않는다는 원망으로 가득했다. 그러나 감독은 이 선수가 팀플레이를 못해 기용하기 어렵다고 했다. 하지만 농구에 대한 열정과 슛, 빠른 드리블 등의 개인 기량 면에서 이 선수가 팀 내 다른 선수들에 결코 뒤지지 않는다는 사실은 분명했다.

초기 면담에서는 아무 문제가 없어 보였다. 그런데 면담이 깊어지면서 이런 문제가 발생하게 된 핵심이 드러났다.

그것은 선수와 감독 그리고 팀이 가지고 있는 목표가 서로 일치하지 않는다는 점이었다. 팀은 우승을 원하고 감독은 4강 진출을 꿈꾸는 반면, 선수는 예전의 명성을 되찾아 팀에서 자신의 입지를 높이는 것이 목표였다.

나는 세 가지 목표의 합의점을 찾도록 유도하기 위해 이 선수에게 먼저 감독에게 다가갈 것을 권했다. 우선 대화가 필요해 보였기 때문이다. 하지만 선수는 거부했다. 나는 이 선수가 감독을 싫어한다고 판단하고, 오해를 풀어주기 위해 노력했다. 그런데 알고 보니 이 선수는 감독을 싫어하는 것이 아니라, 감독한테 다가가는 방법을 모르고 있었던 것이다. 감독은 물론 다른 사람에게 다가가는 방법을 잘 모르고 있었다.

면담 시간에 조심스럽게 이 점을 지적하자 선수는 의외로 쉽게 수긍했다. 그다음 면담에서는 감독에게 다가가는 시기부터 대사, 표정까지 세세하게 알려주고 그대로 실천하게 했다. 물론 감독에게는 따로 이 선수가 다가오면 이런저런 식으로 반응해줄 것을 부탁했다. 이런 노력의 결과로 감독과 선수의 대화가 조금씩 시작되었다. 2개월간의 짧은 면담이었지만 선수 개인은 물론 그의 팀 내 역할까지 놀랍도록 달라졌다. 팀의 문제아였던 선수는 이제 경기를 이끌고 감독의 전술을 선수들에게 설명해주는 리더가 되었다.

이 선수가 감독과 말이 통하기 시작하면서 구체적으로 무엇이 달라졌을까?

첫째, 선수 자신의 임무가 팀에 어떤 도움이 되는지 명확히 알게 되었다. 스포츠 팀이건 회사건 연초가 되면 대표가 나와서 팀 혹은 회사의 미션과 비전을 밝힌다. 그런데 어떤 때는 미션과 비전이 너무 추상적이고 광범위해서 선수나 직원들에게 현실과 동떨어진 느낌을 가지게 하고, 어떤 때는 범위가 너무 좁아서 정작 선수나 직원들이 자신의 목표로 삼기에는 가치를 느끼지 못하는 경우가 있다.

이 팀의 감독은 연초에 '우리 팀은 올해 무조건 4쿼터에서는 실수를 줄일 겁니다'라고 목표를 이야기했다. 이 이야기를 들은 선수는 '나는 실수가 잦은 선수니까 나를 기용하지 않으시고 좀 멀리 하시겠네'라고 미리 겁을 먹었던 것이다. 그런데 두 사람의 구체적인 미팅에서 이 감독은 선수에게, '너의 실수는 많은 시도 때문에 나오는 것이니까, 실패율이 그렇게 높지 않다. 우리 팀의 4쿼터 파이팅을 위해서는 꼭 네가 지치지 않는 체력으로 더 많은 시도를 하고 실수를 두려워하지 말아야 한다'고 이야기했다. 그러자 이 선수는 자신의 임무를 확실히 알았고, 그 임무가 팀에 어떤 도움이 되는지도 알았다. 그 결과, 실패에 대한 두려움도 사라지고 자신감이 많이 회복되었다.

둘째, 자신의 역할 변화와 함께 또 다른 변화를 이끌어냈다. 이 선수의 성공 사례는 다른 선수들을 감독 앞으로 모여들게 하였다. 이 감독은 자신의 방 앞에 면담 시간을 적어놓고 거기에 선수들이 자신의 닉네임을 적은 다음, 그 시간에 감독의 방에 들어와서 자유롭게 이야기하는 시간을 만들었다. 한 선수의 변화가 팀 내 다른 변화까지 이끌어낸 것이다.

셋째, 작전을 완벽하게 이해하고 팀 내 다른 선수들의 움직임을 예측할 수 있게 되었다. 감독과의 소통을 시작으로 선수들은 서로 간의 소통을 시작하였다. 그리고 감독이 짜놓은 팀의 작전과 규칙을 서로 확인하고 소통하며, 더욱 공고하게 만들었다.

넷째, 선수들은 감독을 더 신뢰하게 됐다. 경기 처음은 감독의 작전으로 시작했지만 경기 중 작전은 선수들의 것이 되었다. 이 감독은 나중에 이렇게까지 고백했다. "사실은 선수들이 제 작전을 다 수행하지 못했어요. 그런데 오히려 제가 짜놓은 작전보다 선수들이 경기 중 직접 만들어가는 작전이 시합에 더 잘 먹히더라구요." 경기를 직접 뛰는 선수들이 자신의 경기를 디자인하고 만들어가니, 그 경기는 이길 수밖에 없는 경기가 된다. 이런 경험을 통해 선수들은 감독에 대한 신뢰와 믿음이 자꾸 더 생기게 됐다.

능동적 참여를 유도하라

유명 프랜차이즈 미용실에서 헤어디자이너로 일하는 정혜 씨는 요즘 들어 직장생활에 대한 만족도가 급격히 떨어졌다. 해외 잡지까지 빼놓지 않고 챙겨보면서 자신만의 스타일을 끊임없이 연구하고, 머리 모양에 만족해하는 손님을 볼 때마다 뿌듯해하던 그녀였지만, 예전만큼의 의욕이 생기지 않는다.

최근 손님이 부쩍 줄면서 30분 일찍 출근하고, 30분 늦게 퇴근하라는 미용실 원장의 일방적 지시 때문에 심기가 불편한 것이다. 원장은 미용실이 없으면 헤어디자이너도 필요 없게 되니 우선은 미용실의 생존이 중요하다는 논리를 내세웠다. 하지만 정혜 씨를 비롯한 헤어디자이너들은 손님이 줄어든 이후 원장이 애꿎은 자신들을 탓하는 것만 같았다.

"주변에 미용실이 몇 군데나 새로 생긴데다 요즘 심각한 불경기이다 보니 손님이 줄어든 거지. 그게 어디 우리가 게을러서 그런 건가요?"

그리고 두 달 후 졸업과 입학 시즌이 되면서 미용실에 손님이 제법 늘었다. 원장은 근무 시간을 연장한 덕분에 손님이 늘었다고 좋아하면서 이 시스템을 당분간 유지하자고 했다. 이후 정혜 씨와 원장 간의 견해 차이는 손님 수와 관계없이 지속되었다. 미용실의 수입은 늘어났지만 정혜 씨의 직장생활 만족도는 점점 더 떨어졌다.

고참과 신참의 부조화, 경기 실력 저하, 프런트의 잦은 교체, 저조한 성적 등으로 구설에 오르며 팬들의 원성을 산 팀이 있었다. 감독과 선수들을 몇 번이나 교체했지만 팀은 슬럼프에서 벗어날 기미가 좀처럼 보이지 않았다.

나는 프런트와 코칭스태프, 선수들을 장시간 면담한 결과 각자의 목표가 분명함을 알 수 있었다. 프런트는 팀의 성적, 코칭스태프는 선수 육성과 장기 계획, 선수들은 개인 성적과 불안감 해소를 우선으로 여기고 있었다.

프로 팀으로서 잘못된 목표는 하나도 없었다. 다만 세 집단의 목표가 서로 일치하지 않는다는 것이 문제였다. 목표가 일치하지 않는 이유 중 하나는 각 집단이 목표를 명확하게 밝히지 않았기 때문이다. 간혹 언론을 통해 개별적으로 자신들의 목표를 슬쩍 내비치는 정도였다.

나는 결국 팀의 향방에 가장 큰 영향을 끼칠 감독에게

팀의 목표를 명확히 정할 것을 제안했다. 이 과정에서 그해 팀의 목표는 성적을 올리는 것으로 정해졌고, 세 집단 모두 팀의 성적 향상을 위해 신인 양성과 개인 성적을 희생할 것을 각오했다. 이처럼 세 집단의 목표가 일치되자, 그해 팀 성적이 향상되면서 신인들의 기량이 좋아지는 부수적인 효과까지 있었다.

공동의 목표와 개인의 목표 중 어느 것이 더 중요한가에 대한 논란은 끊임없이 제기되어왔다. 공동의 목표와 이익도 중요하지만, 정혜 씨의 사례처럼 그것만 강조해서는 개인이 늘 소외받고 있다는 느낌이 들게 만든다.

이런 현상은 팀 스포츠에서 자주 나타난다. 이를 해결하기 위해 팀과 선수 간의 공동의 목표 세우기goal setting와 결과 나누기share가 진행되기도 한다.

스벤 예란 에릭손 감독은 영국의 국가대표 축구팀을 지휘할 때 이 공동 목표를 매우 중요시했다. 그는 팀이 가지고 있는 공동의 목표를 수비 파트와 공격 파트가 담당할 목표로 나눴고, 수비 파트의 목표는 다시 중간 수비수, 최종 수비수 그리고 수비수 개개인의 목표로 나눴다. 이런 방식으로 선수 개인의 목표를 설정한 뒤, 어떤 목표가 우선이 될지에 대해 선수들에게 미리 이야기해주고, 그 목표를 잘 따르는 사람에게 경기 출전을 보장해주는 방식으로 팀을 이끌었다.

　여기서 주목할 것은 감독이 공동의 목표와 개인의 목표를 일치시켜 선수들의 능동적인 참여를 유도했다는 점이다. 앞에서 소개한 미용실 원장의 사례는 이런 점에서 아쉽다. 손님이 줄어드는 계절과 늘어나는 계절에 대한 사전 분석을 하면서 그에 대한 대책을 마련할 때 직원들의 의견을 능동적으로 이끌어냈다면 어땠을까. 정혜 씨와 같이 유능하고 성실한 직원이라면 적극 동참했을 것이다.

　일반 직장인들도 새 프로젝트를 위해 매일 아침 회의를 하게 됐다고 가정해보자. 이를 위해서는 몇십 년간의 루틴을 바꿔 아침에 10분 일찍 일어나야 한다. 말이 쉽지 1분 1초가 빠듯한 아침 준비 시간을 10분 당기기란 여간 어려운 게 아니다. 그런데 이에 대해 상사가 직원들에게 논리적 설명이나 동의도 구하지 않고 "아침에 조금씩만 일찍 나옵시다"라고 말한다면 당연히 받아들이기 어려울 것이다.

좋은 리더 감별법

가짜 주윤발에게 휘둘리고 있다면

자리가 변함에 따라, 특히 지위가 높아져 최고의 위치에 섰을 때 당황스러울 만큼 변한 모습을 보여주는 사람들이 있다. 내가 아는 지도자 중에도 그런 사람이 있다. 선수들과 나는 그를 이렇게 칭했다. '영웅본색.'

코치 때는 선수들을 위한 자상한 형님처럼 행동하다가 감독이 되고 나니 정말 하루 만에 바뀌는 모습을 보고, 선수들은 이 감독을 어떻게 대해야 할지 난감할 때가 많았다. 그를 영웅본색이라 칭한 것은 바로 '본모습이 나온다'는 의미에서다. 이런 사람들은 그 자리에 오기까지 자기 자신을 철저히 감추고 있었던 건지도 모른다.

비단 스포츠 세계에서만 벌어지는 일은 아닐 것이다. 회사에서도 온갖 위기와 어려움을 겪으며 힘든 시간을 같이 버텨왔는데, 부장 혹은 이사로 승진하더니 갑자기 바뀐 상사를 보면서 난감한 적이 있을 것이다.
　 때리는 시어머니보다 말리는 시누이가 더 밉다는 말처럼, 가짜 주윤발보다 더 미운 사람도 있다. 바로 가짜 주윤발 밑에서 친하게 지내던 후배 코치로, 이번에 가짜 주윤발이 감독이 되면서 메인 코치가 된 사람이다. 메인 코치로서 감독과 선수들 사이에서 일을 중재해야 하는데, 그러기는커녕 자기가 먼저 나서서 선수들을 다그치고 괴롭힌다. 양쪽의 말을 잘 전하는 것은 고사하고 이간질로 상황을 더 안 좋게 만드는 경우도 있다.

　이들에게는 공통점이 있다. 바로 과장된 자기 사랑을 하고 있다는 것이다. 코치에서 감독으로, 부장에서 이사로 승진하게 되면 그 사람은 새로운 역할에 맞는 자기조정의 시간을 필요로 한다. 승진한다는 것은 결국 자기가 생각하는 자신의 위치가 한 단계 더 높이 올라가는 것을 의미한다. 그러면서 자기의 가치가 풍선처럼 커졌다고 여기게 된다. 이들은 오래전부터 그 자리를 꿈꾸고 있었기 때문에 바뀐 자리에 오르자마자 과장된 자기의 위치를 누리려 하는 것이다.

이때 자기 사랑이 적절하게 유지된다면 현명한 감독이나 임원이 될 수 있지만, 그렇지 못하면 자기만 아는 이기적인 리더가 되는 것이다. 나아가 이 좋은 자리를 쉽게 놓치는 것은 아닌지 하는 불안까지 더해지면, 다른 사람의 눈에는 이유 없는 예민함으로 가득 찬 리더가 될 뿐이다. 그 결과 주변 사람들은 "그 사람, 높은 자리에 올라가더니 완전히 변했어"라고 판단하는 것이다.

자기 자신에 대해 객관적으로 평가하라

"자리가 사람을 만든다"는 말을 들여다보면 '그 자리에 올라가면 어떤 사람이 되어야 한다'는 생각이 읽힌다. 오래전부터 꿈꾸던 자신의 자리와 위치가 주변 사람의 적절한 피드백이나 올바른 판단에 의해 만들어졌다면 자리가 바뀌어도 타인과의 관계에 아무런 문제가 없지만, 독단적인 생각으로 이뤄진 자리라면 그는 옳지 않은 행동을 하게 된다. 이런 지도자들이 타인과의 관계가 좋을 리 없다.

이런 사람 밑에서 운동이나 일을 제대로 할 수 있을까? '그만두고 싶다' '그만두어야겠다'는 생각이 절로 든다. 문제는 이런 생각만으로도 일의 능률이 떨어지고 조직에 대한 부정적 생각도 늘어난다는 것이다. 이때 필요한 것이 자신에 대한 객관적 평가다.

한창 자기 사랑에 빠져 선수나 부하직원을 다그치는 사람 밑에 있으면 정말 내가 게을러서 혹은 실력이 없어서 이런 지적을 받는구나 하며 자기 자신을 의심하게 된다. 지적을 받을 때마다 그 감독이나 상사가 싫기도 하지만, 조금씩 자기 자신을 원망하게 되는 것이다. '내가 운동을 조금만 잘했으면 저런 이야기는 안 듣지 않을까?' '내가 일을 조금만 더 능률적으로 했으면 저런 이야기 안 들었을 텐데' 하며, 자기 자신을 탓하게 된다. 이것부터 멈춰야 한다. 이유 없이 자기 자신을 비하하는 작업부터 멈춰야 한다. 이것이 객관적 판단의 첫 번째 작업이다.

그렇다면 가짜 주윤발이 틀린 것인지, 내가 틀린 것인지 어떻게 구분할까? 해당 지도자의 말과 행동에 일관성이 있는지부터 살피자. 여기서 일관성이란 다른 사람이 그의 행동을 예측할 수 있는지를 뜻한다. 자신이 기분 좋을 때는 너그럽다가 기분이 나쁠 때는 야박하게 행동하고, 궁지에 몰렸을 때는 다른 사람의 의견을 받아주다가 힘이 생기면 다른 사람의 의견을 무시한다면, 주위 사람들은 그의 행동을 예측할 수가 없다. 언제 돌발 행동을 할지 모르는 사람과 의견을 나누고 믿고 따를 사람은 아무도 없다. 말과 행동에 일관성이 있어야 다른 선수나 부하직원에게 안정감을 주고 존경과 믿음을 이끌어낼 수 있다.

진정한 리더는 어떻게 행동하는가

앞서 이야기한 일관성 외에 좋은 리더를 감별하는 방법을 몇 가지 더 소개한다. 좋은 리더는 언제 자신의 의견을 강하게 이야기하고, 언제 지켜봐줘야 하는지에 대한 균형감각을 가지고 있다.

예를 들어 코치와 선수가 타격이나 투구 자세 때문에 서로 신경전을 벌이고 있다 해보자. 몇 년간 선수를 관찰한 코치의 입장에서는 지금도 잘하고 있지만 아직 실력이 절반도 발휘되지 않고 있다고 판단하여 앞으로의 발전을 위해 선수가 자세를 꼭 바꿔야 한다고 생각한다.

한편 선수의 입장에서는 현재 자신이 프로 리그에서 어느 정도 인정을 받고 있으며 자세도 그리 나쁘지 않다고 생각한다. 더구나 고등학교 시절과 신인 때 자세를 바꾸려고 나름 노력을 해봤는데도 잘 고쳐지지 않은 경험이 있어, 지금 나이에 자세를 바꿨다가는 오히려 위험한 상황에 맞닥뜨릴 수도 있다고 생각한다. 때문에 그는 자세를 바꿔야 한다는 코치의 의견을 선뜻 받아들이기가 어렵다.

그렇다면 선수의 의견을 귀담아듣고 선수가 원하는 대로 내버려두는 게 좋을까? 이럴 때 훌륭한 리더십을 가진 코치라면 어떻게 할까? 코칭을 할 때 선수에게 객관적인 사실을 분명하게 전달한다. 객관적인 사실이라면, 선수는 코치가 자신의 발전을 위해 많은 고민을 했다는 확신을 갖게 된다. 확신이 서야 선수는 받아들일 준비를 하게 되고, 이 준비가 되어야 설득이 통한다.

좋은 리더는 어떻게 행동하는가. 다음과 같은 리더를 만난다면 그의 의견을 따르는 데 주저하지 말자.

첫째, 무례하지 않은 권력을 사용한다. 아무리 어리고 신인 선수라 하더라도 자세나 기량을 지적하면 선수 입장에서는 자신이 애써 지켜온 최후의 보루를 건드리고 있다고 생각할 수 있다. 자신을 공격하는 것처럼 느낄 수 있다는 말이다. 아무리 좋은 의도를 가지고 있다 하더라도 받아들이는 사람 입장에서 그 방법이 옳지 않다면 서로 간의 갈등과 불신만 초래할 뿐이다. 이럴 때는 자신을 위해 해주는 말도 곱게 들리지 않는다. 따라서 좋은 결과를 기대하는 것은 불가능하다.

따라서 좋은 리더는 선수에게 요구하는 정도가 크면 클

수록 더 부드럽고 천천히 접근한다. 내가 고집을 부려 화가 날 법도 한데 상대가 끝까지 화를 내지 않고 일관된 것을 이야기한다면, 일단 그의 의견을 받아들여보자. 나에 대해 뭔가 바꾸라고 지시하면서 신중함을 유지하고 있는 듯한 느낌을 받는다면, 나는 정말 좋은 리더를 만난 것이다.

간혹 부드러운 태도나 화법 구사를 넘어 유머를 사용하는 리더들도 있다. 그런데 이것이 분위기에 맞지 않거나 유행에 뒤떨어진다면 오히려 자신의 위신만 떨어뜨릴 뿐이다. 어쭙잖게 유머나 농담을 사용하는 것은 주의해야 한다. 선수나 부하직원이 진지한 만큼 코치나 상사들도 진지하게 접근하는 것이 좋다.

둘째, 굴욕 없는 훈련(일)을 지시한다. 의미 없이 반복적으로 훈련을 시키는 코치들이 있다. 예를 들면 한 코치가 선수들의 하체를 튼튼하게 단련시키기 위해 무조건 뛰게 한다고 해보자. 이는 트레이닝 파트의 계획이나 어떤 조언도 받지 않고, 그냥 별 생각 없이 자신이 20년 전에 받았던 훈련을 후배들에게 강요한 것이다. 정확한 목적과 계획이 없는 훈련을 하는 선수들은 마치 고문당하는 듯한 느낌을 받는다.

하지만 똑같이 무조건 뛰더라도, 선수의 신체 상태를 고려한 트레이닝 파트의 조언을 바탕으로 계획이 잘 짜여져 있고, 그것이 선수에게 전달되어 있다면, 아무리 힘든 훈련이라도 선수들은 괴로울지언정 굴욕감을 느끼지는 않는다.

만약 내가 지금 훈련을 하면서 숨이 목까지 차서 쓰러질 듯한데도 이것을 꼭 달성해야겠다는 생각으로 지금의 고통을 극복하고 있다면, 나는 체계적이고 계획적인 훈련 지시를 받고 있다고 볼 수 있다.

셋째, 눈높이에 맞춘 코칭을 한다. 요즘 같은 세상에 선수들에게 부족한 점을 깨우쳐주기 위해 폭력을 휘두른다거나 험악하게 욕을 하는 경우는 드물다. 다만 선수의 신체적 괴로움을 알면서도 모르는 척한다거나 일부러 잘 안 되는 동작을 시키면서 선수를 더욱 힘들게 하는 지도자는 더러 있다.

훌륭한 지도자라면 코칭을 할 때 선수들의 눈높이에 맞는 말로 풀어 설명하고 이해를 구해야 한다. "너는 공을 참 못 차"라고 감정적으로 말하기보다는 "내가 지켜보니, 공을 발등으로 차지 않고 발끝으로만 차고 있더라"라고 구체적으로 부드럽게 지적해주는 것이 더 효과적이다. 만약 코치인 내가 자주 이야기를 했는데 선수가 계속 못 알아듣고 같은 실수를 반복하고 있다면, 못 알아듣는 선수의 문제가 아닌,

눈높이를 맞추지 못한 나의 잘못이 아닐까 한 번쯤은 생각해봐야 한다. 그리고 더욱 쉽고 짧게 이야기를 나누어 다시 설명해야 한다.

감독과 코치는 코칭을 할 때, 아주 쉬운 내용을 선수들이 못 알아들으면 가장 답답해한다. 지금까지 이런 기본적인 사실도 모르고 어떻게 운동을 해왔는지 의문일 정도로 한심해할 때도 있다. 반면 선수들은 '선수생활 몇십 년에, 코치생활 몇 년을 하고서도 어쩌면 저렇게 선수 마음을 모를까' 하는 생각이 들 때 가장 답답해한다.

문제를 해결할 수 있는 답은 선수 스스로가 이미 가지고 있는 경우가 많다. 코치가 아무리 잘 알고 있다 해도 선수 자신보다 관심이 많을 수는 없다. 어쩌면 코치가 놓치고 있는 부분을 선수 자신이 이미 알고 있고, 또 그것을 고치려고 애쓰는 중일 수도 있다. 그런데 그게 잘 안 되는 것이다. 이런 입장을 배려하지 않은 채 대단한 문제점을 발견했다는 듯 이야기한다면 선수는 자존심이 상해 그 충고를 절대로 받아들이지 않을 것이다.

넷째, 고지식하지 않은 일관성을 갖춘다. 앞서 이야기한 바 있지만, 강조하기 위해 한 번 더 정리해본다. 일정한 기준 없이 이랬다저랬다 하는 코치는 분명 위험하다. 코치가 숯 자세를 고치라고 해서 오랫동안 유지해온 자세를 고쳤는데, 나중에 다른 자세가 더 좋으니 또 바꾸라고 한다면 선수들은 혼란스럽고 피곤해진다. 당연히 지도자의 리더십은 땅으로 떨어지게 된다.

훌륭한 지도자는 자신만의 철학이 있다. 그 철학은 선수들에게 감독이나 코치를 대하는 일정한 대응 방식을 갖게 해준다. 무조건 열심히 하는 것이 감독의 철학이라면, 선수들은 일단 열심히 하는 모습부터 보인다. 그런데 감독의 철학이 무엇인지 알 수 없다면 선수들은 어떻게 해야 할지 도무지 감을 잡지 못한다.

철학이 없는 지도자들은 그때그때의 기분에 따라 선수들을 지적하는 경향이 있다. 선수 입장에서는 항상 혼난다고 느껴질 것이다. 이런 상황에서는 의사소통이 단절되는 것은 물론 선수들의 의욕도 떨어질 수밖에 없다. 만약 선수인 내가 매일 감독이나 코치에게 꾸중을 듣고 있다면, 조금 더 넓은 범위에서 과연 그들의 철학이 무엇인지 생각해볼 필요가 있다.

그래도 모른다면 직접 물어보자. 어떤 대답이든 감독이나 코치가 답을 했다면 일단 철학이 있는 지도자니 믿고 따라보자. 그런데 만약 "뭐, 이런 것을 물어봐? 그냥 시키는 대로나 해"라는 대답을 듣는다면 철학이 없는 지도자라 생각할 수 있다. 그런 사람의 말은 안 듣는 게 좋다.

리더를 위한
효과적인 소통법

상대가 필요로 하는 것에 관심을 가져라

　'소통'의 사전적 의미는 정보 혹은 메시지의 전달이다. 누군가와 진정한 소통을 하기 위해서는 그 사람에게 주의를 기울여야 한다. 윗사람이라 해도 아무 생각 없이 무작정 다가서는 행동은 상대로 하여금 거부감을 불러일으킬 수 있다. 조직을 이끄는 사람이라면 구성원들에게 각별하게 주의를 기울여 언제 그들이 나를 필요로 하는지, 어떤 이야기를 듣고 싶어 하는지 파악하고 있어야 한다. 이것이 진정한 '관심'이다.

　독단적이고 무서운 야구감독이 있었다. 옹고집으로 불리던 그 감독은 다른 감독보다 훈련을 혹독하게 시켰다. 작전을 지시할 때는 피도 눈물도 없는 사람으로 유명했다. 선수들은 때로 힘들어하기도 하고 억울해하기도 했다. 하지만 감독에 대해서는 모두 호의적으로 평가했다.

"그래도 알게 모르게 선수들을 잘 챙겨주세요."

"지금 생각해보면 결국은 저 잘되라고 그러신 것 같아요."

물론 그 감독은 인간적이고 훌륭한 인품으로 선수들의 마음을 감동시켰지만, 나는 그가 무엇보다도 관찰력과 타인에 대한 관심이 남다른 리더였다고 생각한다. 그는 오랜 경험과 타고난 직관을 바탕으로 선수들이 무엇을 필요로 하는지, 그들에게 언제 얼마만큼의 보상이 주어져야 하는지를 정확하게 꿰뚫고 또 분석하고 있었다.

'좋은 관심'을 키우려면 구체적인 노력이 필요하다. 그중 하나는 누가 무엇에 관심이 있는지 목록을 만드는 일이다. 다양한 사람과 상황을 접하다 보면 쉽게 잊어버리고 지나치는 일이 많아진다. 이때 목록은 중요한 역할을 한다.

이 목록의 핵심은 현실성에 있다. 현실성의 기본은 '지금 여기, 그 사람이 필요로 하는 것'이다. 코치라면 선수의 입장에서 그가 필요로 하는 것에 관심을 기울여야 한다. 선수 시절 자신의 관심사와 비교해보는 것도 좋다. 선수들과 대화할 때도 선수의 입장에서 이야기하는 것이 중요하다. 이러한 과정을 통해 코치와 선수, 서로 간의 유대감이 형성된다.

강요나 세뇌가 아닌 설득을 하라

그렇다고 코치가 선수들과 친구 같은 관계가 되면 곤란하다. 친구 같은 코치가 과연 선수들에게 제대로 지시할 수 있을까? 코치는 선수들의 친구가 아니다. 가깝게 지내되 지나치게 가까워져서는 안 된다. 이는 공과 사를 구분하라는 말이기도 하다.

코치의 역할은 무엇인가? 객관적인 시각으로 선수에게 피드백을 해주며 도와주는 사람이다. 때에 따라 매우 강력한 제안도 하는데, 보통 이런 행위를 '설득'이라 한다. 설득은 상대를 이해시켜 내 의사를 받아들이게 하는 일이다. 강요나 세뇌가 아닌 것이다. 만약 코치로서 설득을 했음에도 불구하고 선수가 받아들이지 않는다면 거기까지가 코치의 몫이라 생각하는 편이 옳다.

코치나 감독이라는 자리에 오르고 권위와 권력이 생기면, 경기장 안에서만 코치 역할을 하면 되는데 경기장 밖에서도 코치 역할을 하려 드는 경우가 있다. 어떤 사람은 집안의 형이나 삼촌, 심지어 아버지 역할까지 하는 경우도 있다.

이런 태도는 관계의 정체성을 무너뜨릴 수 있기 때문에 그다지 바람직하지 않다. 지도자라면 선수들에게 하는 행동이 자신의 역할에서 과하게 벗어난 것은 아닌지 늘 생각해야 한다.

관리자급 직장인 가운데도 이와 비슷한 고민을 하는 경우가 많다. 조직의 특성상 권위를 가져야 할 리더라면 '선배 같고 친구 같은' 관계에 특히 유의해야 한다. 공과 사의 경계를 무너뜨리고 관계의 정체성을 혼란스럽게 만들 수 있기 때문이다.

일반인들도 사회생활을 하면서 주위 사람에게 코치 역할을 할 때가 있다. 어느 날 한 친구가 도움을 청해 왔다고 해보자. 나는 나름 최선을 다해 성실하게 충고했고, 그 덕분인지 친구는 어려운 일이 어느 정도 해결됐다. 그런데 일이 잘 풀리자 친구가 내 충고를 계속 따르지 않고 다시 일을 망치려 하고 있다. 나는 친구의 일이 어떻게 전개될지 예상되기 때문에 매우 안타까운데, 친구는 이제 내 충고가 잔소리로 들리는지 무시하기까지 한다. 이런 경우 당신은 어떻게 할 것인가?

이럴 때는 친구가 다시 나를 필요로 할 때까지 기다려주는 것이 좋다. 그가 나의 도움을 원할 때 그만큼만 도와주면 된다. 상대에게 도움이 될 거라는 생각에 지나치게 간섭하고 충고한다면, 그것은 도움이 아니라 내 방식을 강요하는 것일 뿐이다.

먼저 듣고 핵심만 순서대로 말하라

소통에서 또 하나 중요한 것은 순서와 핵심이다. 아무리 말을 잘하고 많이 해도 상대가 알아듣지 못한다면 원활한 의사소통이라 할 수 없다. 한국 사람이 한국어로 이야기하는데도 못 알아듣는 이유는 말하는 사람이 일정한 순서와 핵심을 갖추고 있지 않기 때문이다.

내가 아는 한 코치는 핵심적인 사항만 한두 가지 집어 말하는 스타일이다. 이러한 그의 대화법에 익숙한 선수들은 코치가 이야기해준 핵심만 받아들이고 이를 행동으로 옮겼다.

어느 날 코치가 선수단에게 운동장을 뛰고, 공을 나르고, 숙소를 정리하고, 선수단 작전회의를 열고, 비디오 분석을 하라는 지시를 내렸다. 그중 가장 중요한 것은 선수단 작전회의였다. 선수들은 코치의 지시대로 공을 나르고 운동장을 뛰었다.

오후가 되자 코치가 선수들에게 작전회의를 했냐고 물었

다. 선수들은 "아니요, 운동장을 뛰었는데요"라고 대답했다. 코치 입장에서는 선수들이 자신이 시킨 중요한 일을 하지 않은 것이었으니 의사소통이 제대로 안 된 셈이다. 그의 말에 핵심은 있었으나 순서가 지켜지지 않아 빚어진 결과다.

    소통을 잘못 이해하는 사람들이 많다. 한 사람이 상대의 이야기를 계속 듣고 있는 상황은 소통이 아니다. 대화를 할 때 "네, 네" 하면서 이야기에 반응을 보이지만 다른 의견을 가지고 있을 수 있다. 예를 들어 한 코치가 선수에게 이렇게 말했다고 해보자. "너는 힘이 약하니 웨이트트레이닝을 많이 해서 힘을 키워야 해. 힘을 키우기 위해서는 영양을 잘 섭취해야 하고."

    하지만 선수의 생각은 다르다. 겉으로는 고개를 끄덕이며 코치의 이야기를 듣고 있지만 속으로는 이렇게 생각한다. "나는 빠른 것이 장점인데 몸에 근육이 붙어 체중이 늘면 잘 뛸 수 없어. 많이 먹기보다는 가벼운 체중을 유지하는 게 더 중요해. 힘을 키우기보다는 스피드를 올려야 해."

    두 사람은 아무 문제없이 대화를 주고받은 것 같지만 사실은 일방향 소통이다. 각자의 생각이 전혀 변화가 없다. 그러니 시간을 들여 진지하게 대화를 해도 결과는 이전과 똑같다. 이 선수의 마음을 움직이기 위해서는 "너는 충분히 빠르다. 그러니 이제는 체중을 늘려 힘을 키워야 한다"고 이야기를 했어야 한다. 만약 선수와 코치 간의 믿음이 충분히 형성되어 있다면, 이 선수는 자신의 생각을 이야기 했을 것이다.

이러한 일방향 소통을 쌍방향 소통으로 바꿀 수 있는 것은 경청이다. 코치에게는 선수가 자신의 이야기를 충분히 하도록 들어주고 기다리는 자세가 필요하다. 당장 내일이 시합이고, 이번 시리즈의 승리가 정말 팀에 중요하더라도 급하게 갈수록 일방향 소통만이 오가는 무의미한 시간을 보낼 확률이 높다.

팀워크를 위해서는 서로가 서로의 말을 경청하는 자세를 가져야 하겠지만, 감독과 코치가 선수들의 말을 더 많이 경청해야 한다. 선수로 하여금 항상 자신의 이야기를 들어준다는 느낌을 받게 해야 한다. 그래야 리더가 의견을 전달할 때 더 효과적이다.

야단치는 시간과 피드백하는 시간을 구분하라

선수들이 선호하는 옆집 아저씨 스타일의 코치들 중에는 의사소통에 무책임한 사람들도 있다. 선수들의 이야기를 모두 들어주는 것처럼 보이지만 실상은 적극적인 소통에서 꼭 필요한 피드백 과정이 빠져 있다. 대화에서 피드백 과정이 빠지면 핵심 대신 주변 내용만을 기억하게 된다. 선수들이 분명 코치와 대화를 나눴는데 자신이 무엇을 고쳐야 하는지, 무엇을 잘하고 잘못하는지 모른다면 또 하나의 일방향 소통을 한 것이라 생각하면 된다.

피드백의 핵심은 터놓고 이야기할 수 있는 환경을 조성하는 것이다. 강압적인 분위기에서 피드백이 전달되면 그 내용이 아무리 진실되고 합리적이라 해도 상대는 받아들이기 힘들다. '이건 피드백이 아니라 나에 대한 비난이군' '왜 나한테만 뭐라 하는 걸까?' 하면서 감정이 객관적인 진실을 가리게 되어 피드백을 무용지물로 만든다.

반대로 긍정적인 피드백이 오면 선수나 부하직원은 기뻐하기 마련이다. 대부분 듣는 사람은 자신의 말에 공감해주고 적절한 코멘트를 해주는 대상을 의지하고 동경하게 된다. 올바른 피드백이 이뤄진다면 '아, 이런 이야기를 해주는 걸 보니 나에 대한 애정이 있구나' '그래, 내가 더 잘해야지' 하면서 피드백을 해주는 대상에게 고마운 감정이 생기기 마련이다.

그래서 나는 선수에게 충고나 꾸중을 할 때는 따로 시간을 내 이야기하고, 선수의 발전에 도움이 되는 피드백도 별도로 긍정적으로 전달하라고 감독이나 코치에게 당부한다.

선수를 야단치는 것도 피드백에 일종인데, 부정적 감정을 가득 담은 피드백이라 할 수 있다. 따라서 야단치는 것으로는 선수의 기량 향상을 도모하기란 쉽지 않다.

이와 관련해 미국의 심리학자 벌허스 프레더릭 스키너 Burrhus Frederic Skinner가 중요한 이론을 발표한 바 있다.[15] 그는 인간의 모든 행동은 학습의 결과이며, 실험적 조작을 통해 학습 행동을 유발할 수 있다고 했다. 스키너는 인간의 행동을 자극에 의한 반응 행동과 자극에 상관없이 우연히 환경을 조작하게 만드는 조작적 행동으로 구분했다. 그는 이 조작적 행동을 실험에 이용했는데, 여기서 긍정적 피드백과 칭찬을 강화물로 간주했다.

강화물이란 어떤 행동을 유지하거나 행동의 강도를 증가시키는 것을 말한다. 동물이든 사람이든 자신의 행동에 대한 보상을 받으면 그 행동을 반복하게 되는데 이를 '긍정적 강화'라고 한다. 처벌이나 고통을 피하기 위해 바람직한 행위를 함으로써 그 행동이 증가되는 것은 '부정적 강화'다. 칭찬, 격려, 포상과 같은 강화물은 좋은 행동의 빈도를 늘려 지속적으로 더 나은 성과를 낼 수 있도록 도와준다. '칭찬은 고래도 춤추게 한다'는 명제가 행동심리학 측면에서는 참으로 밝혀진 셈이다.

다만 선수들을 칭찬할 때는 먼저 객관적으로 관찰한 다

음 개선할 부분을 짚어주는 것이 효과적이다. 일정 시간 선수들을 관찰한 뒤 "눈 감고도 3점 슛을 넣겠네. 그러면서 왜 자유투에는 약한 거야? 투구 자세를 조금 고치면 훨씬 나아질 것 같은데?"라는 식으로 칭찬과 개선할 점을 함께 말해주면 선수들은 '아, 나를 계속 지켜보고 있었구나'라고 생각하며 힘을 얻고 동기부여를 받는다. 그 결과 선수는 '내가 실력이 떨어져서가 아니라 투구 자세가 문제였구나. 그걸 중점적으로 연습해볼까?' 하는 식으로 개선 의지를 다지게 된다.

감정을 말하지 말고 구체적 방법을 말하라

한 농구 경기 결승전에서의 일이다. 종료 10초를 남기고 76 대 74로 2점을 뒤지고 있는 상황에서, 감독이 작전타임을 요청했다. 감독은 비장한 표정으로 선수들에게 지시했다.

"이제 우리가 쓸 수 있는 무기는 딱 두 가지다. 하나는 수비를 잘하는 것이고, 다른 하나는 공격을 더 적극적으로 하는 것이다. 자, 이제 나가서 내가 시키는 대로만 해. 그럼 꼭 이길 거야!"

선수들과 상담을 하다 보면 이와 같은 얘기를 자주 접한다. 어떤 코치는 마운드에서 떨고 있는 투수에게 떨지 말라고 충고하고, 어떤 감독은 페널티킥을 차는 선수에게 페널티킥을 반드시 성공시켜야 한다고 말한다. 마운드에서 떨고 싶은 사람이 어디 있으며 페널티킥을 넣고 싶지 않은 선수가 어디 있겠는가? 이런 무책임한 충고 속에는 '어떻게'라는 핵심이 빠져 있다.

"떨지 마라" "성공시켜라" 같은 말은 감독 혹은 코치가 자신의 불안을 없애 달라는 감정을 이야기하는 것이다. 자신의 퍼포먼스를 두고 가장 위급한 순간에 가장 극한 불안을 느끼는 것은 선수이기에 선수의 불안을 덜어주기 위해서는 '어떻게'를 이야기해야 한다.

선수들이 좋아하는 코치는 '어떻게'를 분명하게 전달하는 사람이다. 그런데 '어떻게'가 지나치면 간섭이 되고, 무심하면 앞에 사례처럼 우스꽝스러운 상황이 벌어진다. 그러므로 지도자라면 선수와 상황에 따라 적절한 전략을 세워 분명하게 지시해야 한다.

물론 코치가 신이 아닌 이상 상황에 딱 맞는 전략을 세우기란 불가능하다. 사실 코치나 감독도 어떻게 해야 할지 모르는 상황을 자주 마주한다. 그때 필요한 것은 선수가 지금 여기서 자신이 할 수 있는 최선의 선택이 무엇인지 생각할 수 있게 만들어주는 것이다. 그 선택을 위해서 선수가 안정된 상태로 생각할 수 있는 시간을 마련해주어야 한다. 경기를 하고 있는 것은 선수이고, 그것을 지켜보는 것이 감독이고 코치이기 때문이다.

과잉 주문이 불안감을 낳는다

효과적인 의사소통을 위해서는 다음과 같은 대화의 기술이 필요하다.

첫째, 핵심 내용은 간결해야 한다. 어떤 코치들은 승패를 가르는 급박한 순간에도 선수들에게 이런저런 지시를 두서없이 내린다. 그러고는 자신의 지시를 선수들이 모두 알아들었다고 생각한다. 하지만 너무 많은 것을 주문하면 선수들은 어떤 지시에 초점을 맞춰야 할지 갈피를 잡지 못한다. 당연히 그 작전은 실패할 수밖에 없다. 특히 경기 중에는 선수들이 여러 가지 작전을 펼치느라 몸을 많이 움직이기 때문에 평소보다 더 간결한 메시지를 전달해야 한다. 그래야 선수들이 핵심에 집중할 수 있고 작전이 성공할 수 있다.

둘째, 추상적이고 모호한 단어보다는 구체적이고 현실적인 단어를 사용해야 한다. 코치가 선수들에게 자주 하는 추상적이고 모호한 말은 "경기에 집중하라"는 것이다. 어떻게, 무엇에 집중을 해야 할까? 이런 모호한 얘기보다는 "12번

선수만 따라다녀라" 혹은 "미드필더가 오버래핑하는 것만 막아줘라"와 같은 구체적인 행동 지침이 담긴 주문이 필요하다.

족집게 과외는 아무나 못한다. 다년간의 경험과 시험 분석을 통하여 자신이 가르치는 과목에 대한 완벽한 이해와 현 교과 과목이 가지고 있는 시대적 흐름을 꿰뚫고 있어야 가능하다. 흐름에 맞지 않고, 시험에 덜 나올 것 같은 것은 과감하게 버릴 줄 알아야 한다.

셋째, 침묵도 대화다. 잔소리 대신 침묵을 이용하는 것도 좋은 방법이다. 전날 감독이나 코치에게 지적을 받은 선수는 다음 날 이들의 표정과 심기를 살피기 마련이다. 마음으로는 코치와의 약속을 지키고 싶지만, 오랜 습관 때문에 쉽게 행동으로 이어지지 않는 것이다. 이럴 때 선수에게 버럭 화부터 내면서 야단을 치면 선수는 반항부터 하게 된다. 코치가 침묵을 효과적으로 이용하면 선수는 눈치를 보면서 자연스럽게 자신의 행동을 돌아보는 시간을 갖는다. 언어로 하는 대화만이 능사는 아닌 것이다.

조직과 사람, 모두가 좋아하는 리더의 비결

내가 30년 넘게 프로 팀에서 여러 지도자들과 생활하면서 느낀 점 중 하나는, 팀에서 좋아하는 감독이 있고, 선수가 좋아하는 감독이 있다는 것이다. 물론 팀과 선수 모두가 좋아하는 감독도 있다. 팀에서 좋아하는 감독은 성적이 날 듯한데 안 나고, 선수가 좋아하는 감독은 성적이 날 듯한 팀에서 성적이 오르고, 팀과 선수 모두가 좋아하는 감독은 성적이 날 것 같지 않은데 성적이 좋다. 결국 시스템과 사람의 마음 모두를 헤아리는 감독이 팀과 선수를 다 만족시키는 것이다.

이런 감독들의 특징은 앞서 우리가 이야기한 몇몇 공통된 내용과 함께 아래와 같이 정리할 수 있다.

첫째, 같은 이야기도 긍정적으로 말한다. 같은 말도 부정적인 표현보다는 긍정적인 표현이 듣기에도 좋고 전달 효과도 좋다. 단점에 대한 지적이나 부정적인 쓴소리가 짧은 시간에는 효과적일 수 있다. 하지만 빨리 잊히기 때문에 반복해서 자주 이야기해야 한다. 같은 이야기가 반복되면 듣는 사람은 물론 말하는 사람까지도 짜증 나기 마련이다. 아무리 깊은 뜻이 담긴 말이라도 부정적인 표현의 이야기는 효과적으로 전달되기 어렵다.

둘째, 코칭을 받는 사람이 아무것도 모른다고 가정하며 말한다. '프로 구단에 들어온 선수니까 이 정도는 당연히 알고 있겠지' '나이도 어느 정도 들었으니 이런 건 굳이 얘기해주지 않아도 알 거야' 하고 지레짐작해 마땅히 제공할 정보를 생략하는 경우가 있다. 이런 지도자는 십중팔구 실망을 하게 되고, 실망한 마음은 직접적인 감정 표현으로 연결된다. 선수나 부하직원과 이야기할 때는 최대한 눈높이를 낮추고 그들이 아무것도 모른다고 가정하고 정보를 전달하는 것이 좋다.

셋째, 한번에 많은 정보를 제공하지 않는다. 성적이 낮은 팀에 부임한 감독이나 의욕이 과하게 넘치는 코치들 중에는 선수들이 받아들이기 버거울 정도로 한꺼번에 많은 정보를 전달하는 사람들이 있다. 그러나 이는 과유불급이다. 선수들이 정보를 받아들이는 데는 한계가 있다. 선수들이 감당할 수 있을 만큼 구체적으로 전달해야 코칭 내용이 실력 향상으로 연결된다.

넷째, 타당한 목적을 갖고 일관성 있게 지시한다. 일주일 전 지시한 내용과 오늘 지시한 내용이 다르거나 혹은 그날 기분에 따라 기준이 바뀐다면 선수들은 코치를 신뢰하지 않을 것이다. 선수들을 교육할 때는 왜 그것을 배워야 하는지를 구체적으로 설명해야 한다. 오늘 왜 이 훈련을 하는지에 대한 타당한 이유가 주어져야 기술이 몸에 붙는다.

다섯째, 코치진이 사용하는 언어와 훈련법의 목표가 일

치한다. 보조 코치도 메인 코치와 같은 언어와 공동의 훈련 목표를 갖고 있어야 한다. 모 프로 야구팀에는 세 명의 타격 코치가 있다는 우스갯소리를 들은 적이 있다. 감독은 방망이를 하늘 높이 세우라고 하고, 수석 코치는 배트를 45도 각도로 들라고 하고, 타격 코치는 방망이를 땅으로 높이라고 한다. 그로 인해 한 선수는 감독, 수석 코치, 타격 코치 앞에서 각각 다른 세 개의 타격 자세가 있을 정도였다. 세 명의 지도자가 모두 선수들을 열정적으로 대하다 보면 이런 경우가 발생할 수도 있다. 하지만 정작 받아들이는 선수들 입장에서는 헷갈릴 수밖에 없다.

여섯째, 피드백을 적극 활용한다. 코치가 선수에게 주는 피드백뿐 아니라 선수가 코치에게 주는 피드백 역시 중요하다. 피드백의 핵심은 환경 조성이다. 또한 피드백은 먼저 그 사람의 장점을 찾아 긍정적으로 진행하는 것이 좋다. 긍정적인 피드백은 당사자에게 격려가 되고 동기부여를 하기 때문이다. 가끔 부정적인 피드백이 필요할 때도 있지만 그 경우 조심스럽게 진행되어야 한다. 피드백을 하는 사람의 의도와는 다르게 당사자의 반감을 사거나 의욕을 떨어뜨릴 수 있기 때문이다. 겉으로는 받아들이는 것처럼 보이지만 속으로는 부정적인 내용에 동의하지 않는 것이다. 피드백은 상대를 돕는 마음으로 시작해야 한다.

일곱째, 코칭을 받은 사람에게 꼭 기회를 부여한다. 신체적·정신적으로 완벽하게 준비되었다 해도 실전에서 뛰지 못한다면 이 모든 준비는 허사가 된다. 혼신을 다해 연습을 했는데 막상 실전에 투입되지 못하고 벤치만 지킨다면 그 선수는 실망감이 매우 클 것이다. 팀에 무리가 되지 않는 선에서 모든 선수에게 공평하게 출전의 기회를 제공하는 것이 좋다. 현장에서 느낄 때, 선수들에게 심리 치료보다 더 효과적인 것은 경기 출전 기회다.

에필로그 _____ **한덕현**
불안은 때로 진화를 예고하는 법이다

불안해지지 않으려고 끊임없이 뭔가를 준비하는 사람이 많다. 하지만 이런 행위들은 일종의 강박이다. 강박증에 시달리는 사람은 행복할 수가 없다. 자신이 정해놓은 '완벽한 상태'를 얻고자 작은 행복이 숨 쉴 틈조차 만들어놓지 않은 탓이다.

이처럼 강박에 사로잡혀 사는 사람들이 있는가 하면 같은 환경과 조건에서도 행복을 찾아가는 사람들이 있다. 그들이 특별히 잘났거나 뛰어난 조건을 갖춘 것도 아니다.

몇 달 동안 준비한 프로젝트의 성패를 결정짓는, 피 말리는 프레젠테이션 날에 문득 초등학교 1학년 딸아이의 줄넘기 급수가 걱정되는 행복. 하루에 몇십 명의 환자를 보던 정신과 의사가 밤을 꼬박 새우고 지방 원정 경기에 찾아가 선수들을 만날 때, '여기가 바로 내가 쉴 곳이다'라고 느끼는 행복. 온종일 상사에게 시달려 머리가 터질 듯하지만 맥주 한잔하기 위해 퇴근길 선술집에 들르는 행복. 이처럼 '작은 행복'을 소중히 여기는 사람이 '커다란 욕망'에 집착하는 사람보다 더 행복한 이유는 분명하다. 실현 가능한 행복을 욕망하고, 그렇게 실현한 행복을 밑천 삼아 좀 더 큰 행복에 도전해나가고 있기 때문이다.

가령 '내년 리그에는 반드시 MVP 선수가 되어야지' '최고의 몸값을 자랑하는 선수가 될 거야'가 아니라 '타구 실력을 높이기 위한 자세 교정부터 해야지' '결정적인 순간에 긴장을 완화시킬 수 있는 이완 훈련을 받아야겠어' 하는 식으로 현실적이면서도 점증적으로 나아질 수 있는 노력에 집중하면 불안감을 해소하고 행복과 가까워질 수 있다. 이는 '불안해지지 않기 위해 열심히 사는 강박증 환자'에서 '행복해지기 위해 미래를 준비하는 주체'로 정체성을 바꿔나가는 작업이기도 하다.

이 책 전반을 통해 내가 얘기하고 싶은 것, 당신이 기억해주었으면 하는 것은 한 가지다. 바로 '나는 누구인가'라는 질문을 잊지 말아 달라는 것이다.

사람들은 불안해지면 자신을 잃어버린다고 생각하지만, 실제로 내가 상담한 사람들은 대부분 그 반대였다. 다시 말해 자신이 어떤 사람인지 모르기 때문에 불안해하는 경우가 더 많았다.

불안은 인간의 보편적인 심리 상태다. 불안을 일으키는 대상과 시기는 따로 정해져 있지 않으며 행위불안, 시험불안, 공황장애 등의 부정적인 모습으로 나타나기도 하고, 미래에 대한 예측과 대비, 결과 추정, 현재의 발전 등 긍정적인 관점에서 해석되기도 한다. 욕망이 해결되지 않는 한 인간은 불안과 허무함에서 벗어날 수 없다. 인간이 불안으로부터 벗어날 수 없는 운명이라면 자기 자신을 믿고 최선의 삶을 선택하면서 살아갈 수밖에 없다. 그런 만큼 정체성이라는 끈을 붙들고 살아간다면 육체적·정신적 소진을 조금이라도 덜 수 있을 것이다.

"열심히 하면 못할 게 없다."

의대생 시절, 이 말을 들으면 나는 한편으로 매우 화가 나기도 했다. 나는 아무리 노력해도 안 되는 무식한 노력꾼의 표상이었기 때문이다. 많이 힘들었다. 무엇을 해야 성공할 수 있는지, 그 방법이 대체 무엇인지 내게 알려줄 수 있는 사람을 찾아 헤맨 적도 있다.

당시 나는 10만큼 노력하면 10만큼 잘하고, 50만큼 투자하면 50만큼 거두는 게 당연하다고 생각했다. 하지만 현실은 그렇지 않았고 나는 세상에 대한 불만으로 가득 차 있었다. 그런데 이제 와 돌이켜보면 10만큼 노력했다는 사실은 어디까지나 나의 주관적인 기준이었던 것이다. 그 노력의 방향성도 참 모호했다.

운동장에서 손발이 닳도록 훈련하지만 평생 2군에 머무는 선수들, 진료실에 찾아오는 절망에 빠진 젊은이들을 보면 예전의 내 모습을 보는 듯하다.

이 책을 쓰는 동안 나의 과거를 돌아보면서, 나는 또 하나의 진실과 마주했다. '해도 해도 안 되는 인간으로 태어난 게 내 운명인가?' 하면서 나 자신을 원망하던 20대 시절, 그토록 지리멸렬하고 아팠던 그 시절이 실은 내가 원하는 인생을 살도록 이끌어준 고마운 시간이었다. 그 사실을 깨닫는 데 수십 년이라는 세월이 걸렸다. 당신이 힘들게 보내고 있는 지금 이 시간은 나중에 돌아보면 더 나은 삶으로 진화하기 위한 성장통의 시기일지도 모른다. 불안은 때로 진화를 예고하기도 하니까 말이다.

"끝날 때까지 끝난 게 아니다 It ain't over till it's over."

메이저리그 사상 최고의 포수로 꼽히는 뉴욕양키스의 전설 요기 베라가 한 말이다. 인생이라는 경기도 마찬가지다. 이 삶이 다할 때까지 끝난 삶은 어디에도 없다. 그러니 당신의 삶을 절대 놓아버리지 않기를 바란다. 이 책이 행복과 가까워지려는 세상의 모든 당신들에게 도움이 되기를 기대한다.

주

1. Hal Urban, *Positive Words, Powerful Results: Simple Ways to Honor, Affirm, and Celebrate Life*, New York: Simon&Schuster, 2004
2. Karen Horney, *The Neurotic Personality of Our Time*, New York·London: W. W. Norton&Company, 1994
3. Watson C. G., Wold J., "Logical reasoning deficits in schizophrenia and brain damage," *Journal of Clinical Psychology 37(3)*, July 1981, pp.466~471
4. Erik H. Erikson, Joan M. Erikson, *The Life Circle Completed*, New York·London: W. W. Norton&Company, 1998
5. Brirk J. L., Dennis T. A., Shin L. M., Urry H. L., "Threat facilitates subsequent executive control during anxious mood," *Emotion 11(6)*, December 2011, pp.1291~1304
6. Marcus Buckingham, Donald O. Clifton, *Now, Discover Your Strengths*, New York: The Free Press, 2001
7. Erik H. Erikson, Joan M. Erikson, *op.cit*
8. Barry Schwartz, *The Paradox of Choice: Why More Is Less*, New York: HaperCollins, 2004

9 Anderson S., Eippert F., Wiens S., Birbaumer N., Lotze M., Wildgruber D., "When seeing outweighs feeling: a role for prefrontal cortex in passive control of negative affect in blindsight," *Brain 132 (PT 11)*, November 2009, pp.3021~3031

10 Wannebo W., Wichstrøm L., "Are high school students living in lodgings at an increased risk for internalizing problems?" *Journal of Adolescence 33(3)*, June 2010, pp.439~447

11 N. Gregory Hamilton, *Self and Others: Object Relations Theory in Practice*, Lanham·Boulder·New York·Toronto·Oxford: Rowan&Little-field Publishers INC., 2004

12 Erik H. Erikson, Joan M. Erikson, *op.cit*

13 Heinz Kohut, *The Restoration of the Self*, Chicago·London: The University of Chicago Press, 2009

14 David P., Celani, *Fairbairn's Object Relations Theory in the Clinical Setting*, New York: Columbia University Press, 2010

15 William O'Donohue, Kyle E. Ferguson, *The Psychology of B. F. Skinner*, New York·London: Sage Publication Inc., 2001